(2019)

公共政策评论

Public Policy Review

PUBLIC POLICY REVIEW

主　编◎姚先国　金雪军
执行主编◎蔡　宁

2019

经济管理出版社
ECONOMY & MANAGEMENT PUBLISHING HOUSE

图书在版编目（CIP）数据

公共政策评论．2019/姚先国，金雪军主编．—北京：经济管理出版社，2020.8
ISBN 978－7－5096－7398－0

Ⅰ．①公…　Ⅱ．①姚…②金…　Ⅲ．①政策科学—中国—文集　Ⅳ．①D601－53

中国版本图书馆 CIP 数据核字（2020）第 152002 号

组稿编辑：杜　菲
责任编辑：杜　菲
责任印制：黄章平
责任校对：王纪慧

出版发行：经济管理出版社
（北京市海淀区北蜂窝 8 号中雅大厦 A 座 11 层　100038）
网　　址：www. E－mp. com. cn
电　　话：（010）51915602
印　　刷：北京晨旭印刷厂
经　　销：新华书店
开　　本：787mm×1092mm/16
印　　张：10. 75
字　　数：245 千字
版　　次：2020 年 9 月第 1 版　2020 年 9 月第 1 次印刷
书　　号：ISBN 978－7－5096－7398－0
定　　价：88. 00 元

目　　录

公共政策

作者
周佳松

浙江未来社区建设中的合作治理机制研究

根据党的十九大精神，新时代我国社会治理体制的内涵是党委领导、政府负责、社会协同、公众参与、法治保障，目标是提高社会治理的社会化、法治化、智能化、专业化水平。未来社区作为浙江省委、省政府满足人民群众美好生活需要，推进城镇新旧小区改造和建设的重大民生工程，是顺应新时代发展要求的一大创新举措，与国家治理现代化的总体目标高度契合。未来社区建设“以‘满足人民对美好生活的向往’为中心，围绕人本化、生态化、数字化三大价值坐标，构建邻里、教育、健康、创业、建筑、交通、低碳、服务、治理九大未来场景，突出高品质生活主轴，构建具有归属感、舒适感和未来感的新型城市功能单元”（郁建兴和吴结兵，2019）。这其中，治理场景作为联通融合其他八大软硬场景的纽带和枢纽显得尤为重要。然而，未来社区的治理并不是同当下社区建设完全割裂的愿景，也不是纯粹旧有治理模式的修补或改良，因此，应同时着眼于既往社区治理中长期积弊问题的矫正以及未来城市发展面临挑战的绸缪。

一、未来社区的治理向度转变：合作治理

对于未来社区合作治理的建构而言，合作既是一种治理模式，也是一种社会生活形态。合作精神是其文化内核和价值前提，开放的治理环境是合作的社会基础，相应的体制机制则是治理运行的制度保障，现代信息技术的飞速发展为其提供了技术支持。

［作者简介］周佳松，浙江省社会科学院助理研究员。

（一）未来社区的治理走向

未来社区治理的走向决定了治理实践所应用的具体方式。从《浙江省未来社区建设试点工作方案》（浙政发〔2019〕8号）来看，在未来社区治理场景中，治理的主要模式是“党建引领、社会协同、公民参与、智慧治理”，实际上，这也指明了未来社区的治理走向，即以多元合作为根本结构与以现代信息技术为技术手段的治理变革。具体而言，可从治理结构、体制表征、供给要素和技术工具四方面予以阐释。

1. 治理结构：从单向主导走向合作共治

随着中国社会结构的深刻变化和社会自主性进程的不断加快，新时代的中国社会将全面进入开放、多元、自主的状态。伴随社会独立性的不断增强，社会行动者也会出现多样化、多层化和离散化的特征。国家—社会关系的互动激荡必然带来治理结构在公共空间的拓展，合作共治作为社会治理现代化的趋向也渐趋明朗。在社区治理实践上，经过多年的改革探索和社会回应，社区治理的形态基本从单纯的政府一元管理向政府主导的多元参与转变。然而，在治理结构上，政府单向主导的模式似乎仍显乏力，社会民主回应不足、公共服务供给失衡，种种迹象都表现出当前社区治理所面临的困境。这在一定程度上同样反映出社区治理从国家的单向主导向多元治理主体合作共治转变的强烈期盼。因此可以清晰地看到，在未来社区治理中为实现居民美好生活需要和社区和谐的目标，治理形态或结构需要质的变迁，脱离强政府—弱社会离散化的差序参与格局，逐步向政府与社会、市场紧密连接的多元复合化方向转变，最终走上以多元合作共治、多中心互动协商为核心的合作治理道路。

2. 体制表征：从健全完善走向成熟定型

国家治理体系和治理能力现代化的实现，需要构筑成熟高效、科学完备的中国特色社会主义治理制度。从党的十八大提出“坚决破除体制机制弊端，构建系统完备、科学规范、运行有效的制度体系，使各方面制度更加成熟更加定型”到党的十九大强调“各方面制度更加成熟完善，实现国家治理体系和治理能力现代化”，新时代中国治理现代化的基本任务和发展方向就是健全完善治理体制机制，进而实现《关于加强和完善城乡社区治理的意见》提出的“到2020年，基本形成基层党组织领导、基层政府主导的多方参与、共同治理的城乡社区治理体系，城乡社区治理体制更加完善。再过5～10年，城乡社区治理体制更加成熟定型”的社区治理总体目标（王木森和唐鸣，2018）。因而，这也为浙江未来社区的治理目标指明了方向，就是构建与未来社会发展相适应的治理体系，不断健全完善治理体制机制并使其尽快成熟定型，从而推进社区治理制度现代化。

3. 供给要素：从单向线性走向多维全域

毋庸置疑，提供公共服务是社区治理最主要的基本职能之一。均等化、普惠性和高质量的公共服务供给是浙江未来社区治理的重要目标。因此，在未来社区治理现代化推进过程中，如何无差别、高质量地提升公共服务供给水平将是未来社区治理公共服务资源要素供给现代化建设的关键因素。从当前社区治理实践看，公共服务供给方式仍限于政社间的有限调配，政府指令式的发包仍占主导，这一单向线性的供给方式显然无法满足未来社会社区居民生产生活中全方位日益增长的现实需要。未来社区合作治理建构的主要目标之一就是要解决公共服务的供给要素失衡问题，推动社区公共服务资源的网络化供给和全域式整合，最大限度地扩大资源服务供给主体的参与范围，建立多维立体式的全域联动合作供给格局，实现纵向行政职能部门与社会、市场供给主体互通联动，横向社区居民服务需求与政府、市场供给方的充分协调，提升未来社区供给要素基点和公共服务参与主体的供给能力，使基层政府在社区治理空间上的层级分工更加高效明确，使政府、社会、市场、居民各类主体通过信息资源的交流互通促成社区治理服务的帕累托改进。

4. 技术工具：从传统僵滞走向现代智能

"技术生存已经成为当今人类最重要、最显著、最根本的生存方式、生产方式、生活方式"（田鹏颖，2016），现代信息技术已成为治理现代化推进过程中不可或缺的重要工具。"新时代的信息化、数字化、智慧化的技术特性促使城乡社区治理技术工具跨越传统僵滞走向现代智能，推动未来社区走向高能治理。以大数据、互联网、云计算为代表的信息技术运用于未来社区治理，将建立起'一站、一网、一键、一线、一卡'的'互联网+'便民、'互联网+'党建、'互联网+'网格、'互联网+'参与等形式多样、内容丰富的现代智能化治理服务"（王木森和唐鸣，2018）。因此应充分有效地将以大数据、云计算、人工智能、物联网为代表的前沿现代信息技术应用于未来社区治理场景，赋能未来社区高质量发展，最大可能地发挥其在公民参与、民主协商、供给服务、决策评估、风险防控等方面的精准智能作用，推动未来社区生活方式变革、生产方式重组、生产关系再造，推进未来社区治理高效科学化，进而提升社区治理与服务水平，极大改善社区居民生活环境，切实提高社区生活幸福之"里"。

（二）未来社区合作治理的建构机理与实践逻辑

当今社会比历史上任何一个时期都要多样和复杂，利益诉求和价值观念的多元化深刻影响着城市中人们的生产生活，社区建设面临的问题与挑战也前所未有，因此，在治理方式的选择上很难从中国自身传统模式中找寻或简单对西方范式进行直接套用。例如，集中化、统一化的官僚科层治理模式，追求的是形式合理性，奉行的是工具理性，在有效发挥职能分工优势的同时却无法很好地回应各种基层现实诉求，各种非政府的治理行动者日益对来自中心的操作提出批评，以致会对传统官僚科层体制下中心所处的支配地位以及掌控的权力表示怀疑。显然，这已经对一直以来依据中心—边缘结构展开的治理模式构成现实挑战，而且这一趋势随着社会复杂性和不确定性的加剧变得越来越明显。与此相反，单纯分权化、自治化、分散化的多中心治理在充分满足私人业主利益和需求的同时，容易造成政府体系的碎片化和服务隔离重复并存，产生着明显的社会排斥和封闭性，反而不利于社会的融合发展。从这一点来看，这两者都削弱了国家与社会间的互动，使社会治理成为一种单向度治理过程。

以往社区治理理论主要基于国家—社会框架形成，并呈现出两种主导性的理论取向："一是基层政权建设取向，其旨在重建城市基层社区中带有指令性的官僚科层体系，即国家通过对基层行政组织加以强化和完善，在行政社区中完成国家权力合法性的重建，以实现国家基础性权力（Infrastructural Power）的巩固，这种取向倾向于将社区治理看成是国家权力向下渗透的过程；二是基层社会发育取向，这种取向倾向于将社区治理看成是共同体构建的过程，其目标在于促进社区自组织建设和社区认同的增强。"（文军和高艺多，2017）这两种理论取向是站在国家与社会两个行动主体相对独立的视角看待社区治理景象的，把社区治理当作政治行为者在基层空间的权力博弈。然而，在现实的社区治理场域中，国家与社会之间在显示张力的同时，在具体的事务治理中又是相互融合、双向重构的过程，因而并不是非此即彼的纯粹两分。

社区治理的核心内容为包括社区管理、社区安全、社区服务等一切公共事务在内的政府管控和公共服务供给，由于社区管理服务效率的迫切要求，治理实践不断地走向行政化、职业化和专业化。从国家成长和现代民主进程的维度来看，未来社区的治理必将重新界定政府、社会、市场、公民各方的角色，治理结构也将从威权、以官僚科层和专家为基础的传统模式向社会分权、多中心的向度转变。

这一新的变革要求建构工具理性与价值理性统一的治理机制，而合作治理追求的是实质合理性，是国家成长和社会自治发育的必然结果，是价值理性与工具理性的有机统一。一方面，它打破了传统中心主义结构，矫正了既往社区治理体系中结构、功能、权责设置上的僵化。另一方面，整合凝聚了多中心治理碎片化导致的"无力感"，在行为模式上柔化了国家与社会的权力结构关系，实现了对传统官僚科层治理模式和多中心"无政府主义"的扬弃和超越。因此，作为社会结构变动和经济发展方式转变在城市社区发展的一种现实镜像，谋求集权与分权相结合、政府与社会相融合、各多元利益主体共同参与的合作治理格局，营造多层次、多样化、多方位的伙伴关系式多维治理网络，或许是一种契合未来社会发展方向的社区治理模式新选择和代表我国基层社会治理发展的新方向。

那合作治理究竟是什么？是否完全脱胎于现有治理模式？事实上，合作治理可以视作一种复合的理论框架：可以从多元的理论渊源中分离出其中所蕴含的核心理论元素。参与式治理理论处于治理理论所框定的外围边界内，借用的是治理理论所强调的多重多层合作的元素；以新公共管理理论所强调的政府自上而下授权和公私合作伙伴关系作为其内在支撑；以公民社会理论所倚重的社会民主行动网络，作为其理论展开的社会形态基础；以参与社会公众为主体的公共生活建构为外在呈现（周佳松，2017）。

将合作治理的理论元素及双重的理论维度落实到未来社区治理的过程，蕴含着如下几方面的基本特征：首先，未来社区合作治理是双重维度的过程。即在社区公共事务实践中，既促成了政府推进的社区治理体制和结构的包容性与开放性，同时也激活了社会多元主体的社会行动。其次，未来社区合作治理过程表现在国家与政府的层面上，基本的特征是推进开放包容的社区治理体制与结构的生成，即重点表现在国家与政府自上而下地向社区授权，吸纳社区空间的多元社会行动主体，结成伙伴关系，使多元社会行动主体共同参与社区公共空间和公共物品的生产与再生产。因此，它堪称一种多元复合的行动主体合作治理的过程。再次，未来社区合作式治理过程表现在社会层面上，基本的特征是基层社区以公众参与为表征的行动过程得到培育，即显现了社区作为基层社会的“政治接点”，已成为公众和其他多元社会主体积极的社会行动空间，既与国家和政府等公共部门合作，同时也形成相对自主的“政治应力”①，能够相对自主地应对自身的公共问题，建构社区共同体的公共生活。又次，未来社区合作治理是在国家与政府等公共部门主体与多元社会行动主体之间形塑良性互动，并期待在这些主体间建构平等协商、互动合作的过程。一种健全而持久的政治过程必须是在上下通达的双轨形式中寻求的（费孝通，1993）。未来社区合作治理的多元主体良性互动的过程便是要建构这种自上而下和自下而上双轨通达的合作过程。最后，未来社区合作治理是无限趋近善治的过程。无论是对于政治国家的实体，还是城市政府的地方性主体，社区作为最基本的社会单元，是国家和政府善治实现的根基。

二、未来社区合作治理中存在的难点和挑战

（一）合作主体参与层次有待深化

合作治理的关键是合作参与，而核心环节是政府与社区各行动者的互动。从城市社区参与治理的经验可见，这种互动不仅包括政府主体与居民直接互动的形式，也包括经由政府组织系统多重节点的驱动催生多元复合主体的参与合作，如政府部门、社区自治组织、社区党群组织、社区社会组织甚至企业等，引导公众在多重层面的治理过程中积极参与。然而，考察当前社区合作治理的网络及其所推进的社区公众参与的过程，不难发现其实践效度的困窘。最明显的就是，社区治理的多元主体参与合作的水平在整体层次上仍然不高，更多的社区公众参与过程都在政府组织系统的驱动节点的控制、干预或资源引导下展开，社会主体自主合作的意愿和能力不高。

（二）政府与社区对应合作节点有待拓展

从当前社区行动主体参与的体制结构来看，以政府组织系统内部行政驱动推进

① “政治接点”与“政治应力”的阐释，是借用徐勇教授的概念，即强调社区作为基层社会的单元，形成相对自主、独立而灵敏的政治功能，应对自身的多重问题实现自主治理的功能。参见：徐勇：《“接点政治”：农村群体性事件的县域分析》，《华中师范大学学报（人文社会科学版）》2009 年第 6 期。

参与治理渐次展开是社区治理的主要驱动机制。然而，实践过程中，这些驱动节点，包括政府部门和政府内部专设的推进社区治理的机构，都以社区自治组织系统为单一的“政治接点”。这在一定程度上使社区自治组织系统难免存在行政化的趋势，同时，也客观地使社区合作治理的各种公共参与路径的拓展受限于自上而下的政府支配、控制、干预和许可的范围。

（三）社区自治组织商谈合作结构有待完善

合作治理不可或缺的基础性要件之一是对话、协商和公共商谈的参与机制的创设①。从现行社区治理的社区自治组织结构来看，欠缺的正是社区公共事务的商谈对话机制以及相应的组织和机构的创设，如很多社区没有常设的议事机构，社区居民会议、居民代表大会、小区居民大会等都未能发挥应有的议事协商功能。由于这一缺陷，城市社区参与治理过程所推进的公众参与，更多地需要政府组织节点上的信息与资源提供，而很少从基层社区的公共商谈过程获得理性支持。因而在社会民主行动的维度上，社区居民参与更多地处于被动参与的水平上，社区合作治理结构上的行政化难以从根本上改变。

（四）社会组织与公共空间的扩展与密度有待提升

组织化是社会治理展开的基本形态，社区合作治理离不开组织化的社会结构安排。而从治理空间维度上考察，在社区的基层社会空间，建构大量的社区社会组织，作为人们参与社区公共事务的平台，并借助社区社会组织展开议事协商，发现社区公众需求，激发公众参与的积极性，是有效的社区参与式治理不可或缺的路径。而现阶段社区社会组织发展较为孱弱，从杭州主城区社区社会组织发展较为领先的上城区、江干区等来看，平均每千人拥有社会组织数量是 2 ~ 5 个；社会组织则以社区内部文体娱乐、青少年教育、老年人、残疾人扶助等类型居多，社区居民公共治理类组织，如选举参与类组织、协商决策类组织、冲突参与类组织等在类型与数量上则更少。同时，社区公共空间的媒介参与更多依赖政府资源投入的实体场馆和虚拟空间，缺少社区公众自发组织的、纯民间组织支持的社区公共空间。

（五）公众参与的人群结构有待改善

当前社区治理模式在双重维度的努力过程中创设了多重公众参与路径。然而，在以政府的控制、干预、资源引导和许可等驱动机制为动力的参与体制结构中，社区公众参与的人群也呈现了结构性缺陷。城市社区公众，更多地以工作场所作为生活的重心，对于大多数有“单位人”身份的社区居民而言，社区并非作为其归属

① 福克斯、米勒：《后现代公共行政——话语指向》，楚艳红等译，中国人民大学出版社，2002 年版；哈拉尔：《新资本主义》，冯韵文等译，社会科学文献出版社，1999 年版。

感与公共精神寄存的场域，而仅是其私人起居栖息的处所，缺乏价值和感情的纽带；职业人群仍然将单位作为其公共交往的场所，以单位的公共性归属替代社区的公共精神。因此，在当前社区中，热心参与社区公共事务的活跃群体主要是退休人员、领取“低保”的“老、弱、病、残”群体和志愿者群体，社区中的青年居民、有单位依归的公众则较少参与社区活动。而社区社会组织的公益服务中，社区居民也多以消极的服务接受者角色参与，积极行动的特征尚不明显。因此，探索更有益的社区公众参与路径，改善社区公众参与的人群结构，使更多的社区公众以更有效的路径参与社区公益，是浙江未来社区合作治理未来努力的方向。

（六）社区治理的过度行政化、职业化和专业化

社区治理作为“治国理政”话语体系中基层治理的政治叙述，自然会体现政治化逻辑的行动偏好。“大部分社区的管理者在治理导向上追求的是政绩和效率，并以日新月异的所谓‘精细化管理’来不加节制地推行行政化、职业化和专业化，其治理的根本目标是实现管理和秩序”（周庆智，2016）。未来社区不是单纯靠权力、法律、制度的观念等强力整合起来的机械合成体，维系其活力更多来自治理相关方自由交互所产生的情感支持和经济交往。因此，未来社区治理过程中要特别防止过度的行政化、职业化和专业化，回归到由非职业人员和公民拥有更大主导权的合作治理乃是关键的一步。

三、未来社区合作治理的实现路径

随着未来社会复杂性和不确定性的日益增加，政府必须与社会、市场中的治理行动者开展广泛的合作，在确保稳定有序的基础上，积极引入市场逻辑，形成灵活、多元的公共服务产品供给机制，精准把握社区居民日常生活中多样化、个性化的现实需求。浙江未来社区治理“党建引领、社会协同、公民参与、智慧治理”模式的确立，意味着面向未来城市社会的治理不再由政府单方面唱“独角戏”，而是朝着主体多元化、非中心化的合作式方向发展，这同时也为未来社区合作治理的实现提供了空间可能。

（一）强化“党建引领”夯实合作治理基础

党委作为社区治理体系的领导核心，在社区的现实治理场域中既要摆正地位，也要注意避免将其推向“党建包办”的境地。一是突破传统社区党组织治理结构，深入推进“党建社会化”工作，从体制机制上优化基层党建治理格局，积极调动辖区内党政企事业单位、新经济组织、新社会组织和居民党员的积极性，以党建促社建，充分发挥社区党组织在统筹协调、资源整合、集约利用社区公共服务资源方面的作用和能力。二是深入完善社区党委决策、议事、监督机制，探索建立“社

区大党委”领导制度，组建未来社区党委议事小组，完善未来社区党委议事制度；在“社区大党委”领导下优化社区治理权力结构，依照社区治理过程中的执行权、决策权、监督评议权建立健全未来社区治理委员会、未来社区党员代表大会和未来社区党委监督委员会。三是将真正热心社区公益事业、关心支持社区工作的党员纳入社区党员代表参与各项党建工作，使其在日常社区生活中广泛收集社情民意，及时向所在党组织提出意见和建议，充分保障其作为社区党代表的各项权利，深入参与有关社区党建的重大事项，并对社区党组织工作进行民主评议。

（二）构建多重参与的合作连接点

一是积极探索社区空间多重合作接点的巩固和创设，强化社区居委会、社区业委会等作为政治接点的功能，畅通直接与政府相关部门的产品、服务和项目对接合作，进一步明确规范梳理其在社区工作中的协助性行政事务清单，破解“万能社区”。二是探索建立同政府部门直接合作的新连接点，“吸纳居委会、社区工作站、业委会、驻辖区单位、社会组织及社区其他贤能人士组成社区治理委员会”（郁建兴和吴结兵，2019）。这类组织既可以促成自上而下的政府与社区社会行动主体之间的合作，也可以鼓励更多的社区社会行动主体之间的合作，促成平等互动合作的公众参与路径，通过定期例会和不定期协调会的方式组织解决社区管理和服务问题。三是拓展增设政府的其他权力机构向社区空间创设合作接点，设立专门的人大代表或政协委员社区工作站，配备必要的办公设备和日常工作人员，协助代表接待社区居民，收集汇总居民对社区内反映的公共问题和合理诉求，对于一些具有共性、重大的问题通过人大代表形成提案的形式提交政府职能部门解决。同时，将人大常委会的监督、人大代表的监督、社会组织的监督和基层群众的监督有机结合起来，促进未来社区治理健康有序发展。

（三）激发社区自治活力，提升有效参与层次

一是完善治理结构，营造外部环境。为保证居民参与合作治理这一机制的制度化，制定和完善社区参与的基本法律、地方法规和规章制度体系以及涉及各个民主环节的可操作性具体实施方案。为更好地发挥社区居委会的自治性，政府派出机构和居民委员会的相关工作人员在思想上和工作中必须厘清关系，划清工作范围与权限。二是大力培育社区公共精神，以社区公约为重点，完善各类决策议事规则相配套的自治规则制度体系，增强社区居民参治能力。社区意识是居民参与的心理基础，而利益联系又是社区意识形成的客观基础，也是居民参与最重要的驱动力。居民利益社区化就是要充分发挥利益纽带作用，强化居民与社区之间的利益关系。此外，注重并引导民众广泛参与未来社区治理过程的同时，要从邻里的治安维护、公共卫生、垃圾分类、儿童照料、交通秩序、公共设施维修等“小事”入手，解决好居民生存发展过程中存在的各种基本问题，增强社区居民对社区的认同感、归属

感，进而实现有效参与的良性循环。三是拓宽参与渠道，健全参与制度。建立社区决策项目的预告制度和重大事项的社区公示制度、公开听证制度和民意反馈制度。关注邻里社区人口结构的变化，兼顾多元利益，推行公平参与，让每一个群体的利益得到充分代表，积极回应各类正当需求，通过多次反复沟通、协调，保证及时有效反映居民的诉求，激发居民的参与热情，改变居民被动接受管理的顺从心态，从而使他们能够真正地以“社区主人”的身份主动参与未来社区治理。

（四）建构多元社区社会组织和拓展社区公共空间

无论是政府向社区开放包容的授权和合作伙伴体制，还是社区社会行动网络与公共生活建构，乃至多重多层的合作，都必须依托社会组织的基础性条件推进。拓展社区居民参与的公共空间，搭建社区议事会、共享型社区客厅等自治载体和空间，做好社区、政府、居民、企业等各方的对接，在社区服务综合体中植入“最多跑一次”社区服务站，利用统一信息服务资源，打造无差别一窗受理模式，为居民提供工作8小时之外的便捷办事渠道。积极推动社区居民、社会组织和驻区单位共同参与社区治理，使社区公众通过参与能够在公共空间中有序地繁荣社区公共生活，并使社区公众在公共交往中形成社会民主行动的网络，促成多元合作。同时，对社区组织进行科学分类、重点培育和优先发展。此外，政府应运用经济税收、劳动政策、服务合同、法律法规等手段，不断加强和改进对非营利组织的管理监督。

（五）提升协商参与的多元路径与公民人格

根本而言，架构未来社区合作治理的互动关联结构，是要在政府授权、经营伙伴关系中建构多层合作，以及在社会民主行动和公共生活中建构起合作共赢的社会共同体。而共同体的公众参与需要建构包含团结、信任、宽容和公共精神等在内的公民美德。因此，要成功建构核心元素的互动关联结构，进而推进未来社区合作治理，基于这些公民美德的公民人格的培育不可或缺。而社区公众参与人群结构的失衡，正是由于公民人格缺失所致。要培育公众参与的公民人格，则要从最基础性的公共协商参与的社会过程着手。而有效的路径在于，在多元政治接点建构和社会组织发展基础上，推进社区中的公共协商，在公共协商中发展社区公益，同时培育公民人格，即使社区公众在协商参与中形成公民美德。当然，社区公共协商的基础性条件建构也将是一个复杂的过程，包括协商制度的建构、协商型社会组织的培育、多重社区公共协商平台的建构等。应进一步积极发挥民情恳谈会、社区事务协调会、社区工作听证会、社区成效评议会、居民说事、“四方例会”、共识论坛、鹤声议事厅等有效议事机制和协商平台的作用。

（六）搭建数字化精益管理，增强社区合作智治效能

数字化作为未来社区数字世界的核心，是整个未来社区实现自我进化、自我完

善的神经链。未来社区的智治体系可依托浙江政务服务网、城市公共信息平台、“浙政钉”平台和城市 CIM 平台的支撑，搭建未来社区数字化精益综合服务平台，利用高效物联网联动云端城市大脑、社区平台中脑和居民终端小脑，打造社区管理、公共服务和居家智慧生活的数据化、可视化、智能化应用。一是充分运用“互联网 +”网络信息技术，组建涵盖社区居民年龄结构、社会阶层结构、兴趣爱好等内容的社区居民信息数据库，以社区人口基础信息和条线信息数据为基础，运用“网络爬虫”技术融合民政、综治、城管、计生及流动人口等多线系统数据，架构未来社区数据共享服务中心，着力解决社区治理过程中各系统组织条线分割、重复劳动、口径不统一、基础数据缺失等问题。同时，基于数据体系创新未来社区数字考核机制，重点解决以往社区督检考核过频、工作过度留痕等问题。二是通过信息共享，推动社区管理服务流程优化再造，事项精益梳理。建立以区级管理服务信息系统为中心、以街道和社区综合信息平台为辐射、以社区自助终端和个人服务终端为节点、以社工和居民智能终端应用为重点的信息网络，通过业务去重和流程优化再造，让数据多跑路，促进“基层治理四平台”的融合。三是开发推广基于 AI 技术的社区综合 APP。对于社区治理过程中日常发现的问题，社区居民可通过数字终端 APP 以语音、图像、视频等形式上传，后台 AI 系统及时对各项数据进行统筹、分析、处理，以实现快速响应。同时，基于社区综合 APP，居民可以“抢单”参与问题处理和化解，实现“互联网 + 治理”新模式。

参考文献

［1］费孝通：《乡土中国与乡土重建》，风云时代出版公司，1993 年。

［2］田鹏颖：《马克思实践辩证法的社会工程形态》，《中国社会科学》2016 年第 8 期。

［3］王木森、唐鸣：《社区治理现代化：时代取向、实践脉向与未来走向——十八大以来社区治理“政策—实践”图景分析》，《江淮论坛》2018 年第 5 期。

［4］文军、高艺多：《社区情感治理：何以可能，何以可为?》，《华东师范大学学报》（哲学社会科学版）2017 年第 11 期。

［5］郁建兴、吴结兵：《创新全域治理　共建未来社区》，《宁波日报》，2019 年 7 月 18 日。

［6］郁建兴、吴结兵：《走向科学化、精细化、智能化的未来社区治理体系》，《浙江经济》2019 年第 4 期。

［7］周佳松：《参与式治理视角下的杭州城市社区治理》，《环球市场信息导报》2017 年第 5 期。

［8］周庆智：《当前的中国社区治理与未来转型》，《国家治理》2016 年第 1 期。

作者
陈海盛
陈旭峰

乡村振兴视角下土地经营流转的浙江模式

——以宁波象山为例

摘　要：党的十九大报告指出，农业、农村、农民问题是关系国计民生的根本性问题，必须始终把解决好“三农”问题作为全党工作的重中之重，实施乡村振兴战略。浙江象山县通过创新机制培育主体强化服务，形成家庭农场经营型、农民专业合作社主导型、土地股份合作经营型等六种土地流转模式，因地制宜，推动规模化经营，不断完善土地经营体系，促进了农村土地流转行为有序规范，形成了土地创新流转的浙江模式。新形势下面临经营主体实力不强、经营权权能待显化、确权登记制度和服务支撑体系不健全等现实难题，研提规范土地流转管理、健全土地流转保障机制、推进土地承包权和经营权确权颁证、深化经营主体培育等建议。

关键词：土地经营流转；规模化现代化；乡村振兴；浙江模式；土地经营体系

一、引言

虽然土地流转市场中土地的自然流转有助于为土地碎片化生产解决提供思路，但土地的规模生产仍然有赖于土地的流转。因此，为进一步推进生产规模化和效率化，建立土地流转市场是当务之急。为有效规定交易双方权责关系，防范市场风险，促进生产，我国颁布的《农村土地经营权流转管理办法》早

［作者简介］陈海盛，瑶族，湖南郴州人，民革预备党员，浙江省信用中心经济师，研究方向为浙江经济实践、社会信用网络分析；陈旭峰，浙江海洋大学硕士研究生，象山县委办公室工作人员。

在2005年3月就开始实施，党的十七届三中全会也指出要在现有土地经营权承包关系不变基础上，给予农民更加有弹性的土地承包经营权。此外，2009年出台的中央一号文件也对上述观点进行了强调。党的十八届三中全会则进一步明确了土地流转的重要意义，同时发布的《中共中央关于全面深化改革若干重大问题的决定》将土地流转方向确定为土地承包关系暂时不变情况下给予农民更多的经营自主权，“鼓励承包经营权在公开市场上向专业大户、家庭农场、农民合作社、农业企业流转，发展多种形式规模经营”。“建立农村产权流转交易市场，推动农村产权流转交易公开、公正、规范运行”。农村土地经营权的流转不仅涉及农村经济发展，还倒逼户籍改革的推进和城乡统筹发展的大局。正因为土地经营权改革的牵引作用，国内学者和政策制定者对此都比较谨慎。象山县土地流转开展时间较长，如图1所示，2013年土地流转总面积为182280.51亩，经过三年发展，到2016年达到193059.92亩，但由于家庭承包经营的耕地总面积减少，2017年土地流转总面积减为191052.94亩。从流转率来看，从2013年的66.94%、2015年的71.62%到2017年的74.29%，四年提高了7.35%，年均增长1.84%。总体上象山县的土地流转工作开展得较为成功，为此本文将象山县作为研究样本，分析农地流转现状、经验、问题及对策，在为农户土地利用，维护农民本身权益方面具有较强的理论和应用价值。同时也可以为统筹城乡发展、推进城市化积累经验。

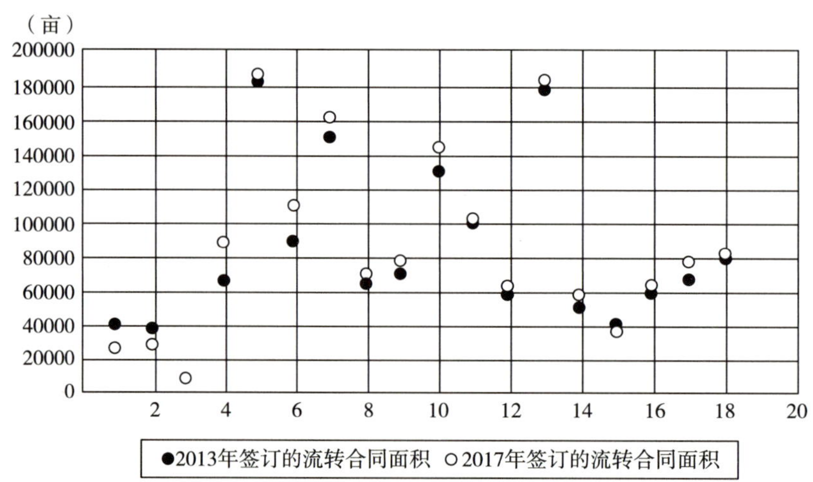

图1 2013年和2017年土地流转签订合同面积对比

资料来源：中共象山县委办公室。

二、宁波象山县土地流转经营权做法提炼

以乡村振兴为导向，象山县按照“扩大总量、整合存量、提高质量”的要求，通过完善政策、创新模式和强化服务，不断加快土地流转步伐，促进了农村土地流

转行为有序规范，流转关系长期稳定，流转土地适度高效，截至 2017 年底，全县累计流转土地 19.11 万亩，占承包土地总面积的 74.28%，其中规模经营面积 16.34 万亩，规模经营率达 85.5%，全县 32 个村的 2 万亩土地实现了整村流转（见图 2）。

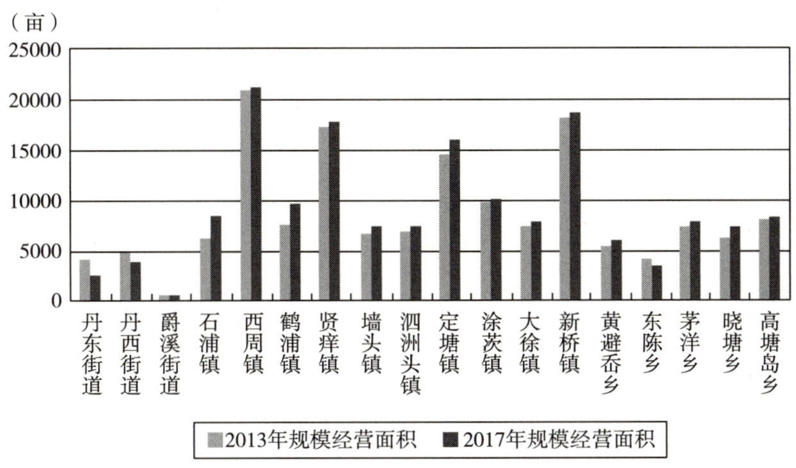

图 2　2013 年和 2017 年土地流转规模经营面积对比

资料来源：中共象山县委办公室。

（一）创新机制规范流转流程

一是推进服务平台建设。2009 年召开了全县土地流转工作现场会，成立了县农村土地流转服务中心，县农村土地流转信息平台也正式投入使用，上传信息 4786 条。18 个镇（乡）、街道全部成立了土地流转服务中心，344 个村建立了流转服务站，县、乡、村三级流转服务组织，免费为供求双方提供政策咨询、供求登记、信息发布、中介协调，并指导合同签订和开展纠纷调处等服务。全县 10 个乡镇（街道）已被评为宁波市农村土地承包经营权流转服务组织标准化乡镇，配置各项软件、硬件设施，落实农经员、代理会计、大学生村官为具体工作人员，开展土地流转服务。二是实行股份经营。2013 年出台《实行农村土地股份制改革的指导意见》，引导以村为单位，农户根据土地承包面积量化入股，创建农村土地股份合作社，“土地变股权、农户当股东、收益有分红”。三是实行整村流转。按照“依法、自愿、有偿”的原则，积极引导条件成熟的村开展土地整畈、整村集中长期流转，由村经济合作社统一引进经营主体，使经营主体可以安心安排长期经营计划，促进规模经营。四是实行现代农耕。因地制宜不搞“一刀切”，积极创新推行冬统夏分、水旱轮作、种养结合等生产模式，大力推广农旅结合的产业模式，提高经济效益，既解决季节性抛荒问题，又实现生态、循环、高效生产。全县土地流转面积从 2008 年末的 11.3 万亩增至 2017 年末的 19.11 万亩，年均增幅达 7.7%。五是规范契约行为。印制农村土地承包经营权入股合同样本和登记簿，指导土地流转期限在一年以上的双方签订书面流转合同，做到有据可查、有章可循。六是规范矛盾化解。组建县农村土地承包纠纷仲裁委员会，按照《仲裁委员会章程》、《仲裁工作原则》、《仲裁庭纪律》等规定，及时处理土地承包纠纷，维护社会稳定。并建立乡镇调解委员会和村级调解组织，努力把矛盾化解在基层。

（二）注重育强主体，推动规模流转

一是支持大企业参与。将农村招商作为撬动土地规模流转的重要支点，突出大项目、大企业，大力引进各类龙头企业，充分发挥大企业平台优势，在保障农民权益和防止土地非农化的前提下，签订合同明确权责，引进工商资本、社会资金，建设适度规模的一、二、三产联动项目。截至2017年，全县已签订流转合同面积达15.54万亩，占总流转面积的81.32%。二是合作联动。突出提质增效、做大做强，坚持“培育一批、改造一批、规范一批、提升一批”的原则，加强合作社的规范化建设，提升合作组织运行质效，实行“合作社+农户+基地”的模式，形成规模经营优势。2017年底，全县规模经营面积50亩以上的土地流转面积总计12.4万亩。三是大户促动。从资金、信息、技术上对种养殖大户给予支持，鼓励和引导种养殖大户将农民闲散土地通过租赁开展集中耕种、养殖，建立家庭农场，发展立体生态农业，获取规模经营效益。四是加大财政扶持力度。重点支持规模经营企业、种粮大户和土地流转中间服务机构发展。

（三）注重精准服务，推动高效流转

一是开展流转土地确权颁证。先后出台《农村流转土地经营权登记实施细则》、《农村流转土地经营权抵押登记实施细则》，颁发农村流转土地经营权证、经营权他项权证，通过分离土地经营权，进一步激活农村沉睡资源，实现土地要素合理配置利用和土地经营权担保抵押功能，促进土地流转更有市场。二是开展产权交易。2011年以来，该县农村土地经营权进入农村产权交易中心平台，进行公开招投标，体现了公平公正，减少了群众对村干部的怀疑。同时由于溢价率高，提高了农村集体经济收入。三是开展金融服务。按照“明晰一种农村产权，建立一项金融服务”的思路，探索经营权抵押贷款，把资产变资本，增加生产性投入。制定《农民专业合作社合力贷款办法》、《金穗惠农卡+农业专业合作社+农户贷款管理办法》，简化贷款手续，对符合条件的规模经营主体授信5万元，下浮其他同档贷款利率20%。同时，开设粮油、果蔬、畜禽等领域的农业政策性保险20个品种。四是建立并完善农业生产的社会服务体系。支持社会中介组织发展，为农业生产提供全方位技术支持。至今已成立农机专业合作社53家，各类农资经销店43家。同时加强农村劳动力素质培训，通过举办农业实用技术培训等形式，加强对农业从业人员的技能培训，培养一批现代新型农民。五是积极建设公共基础设施。对于土地规模化

经营项目，在农田质量提升、农业综合开发、特色农产品基地等建设上予以支持。

三、乡村振兴背景下象山土地经营权流转的模式分析

象山县土地流转释放了农村剩余劳动力，通过规模化经营提高了经济效率，活跃了农村生产要素市场，农村经济结构也得以优化，在推动经济发展过程中起到了牵引全局的作用。2013～2017 年，象山土地流转与经济增长呈现出较强的相关性。象山县立足于提高农民收入和经济结构调整优化，在支持市场化土地流转的过程中，探索出一套行之有效的土地流转模式。

（一）家庭农场经营模式

在扶持政策的引领下，种养殖大户流转土地发展规模经营势头更加强劲，他们将农民闲散土地租赁过来集中耕种、养殖，并成立家庭农场，获取规模经营效益。目前从事种植业大户最多，流入土地 6 万余亩，其中水稻约 5 万亩，蔬菜 1 万余亩；林特产业约 3.2 万亩，主要以柑橘为主，花卉、苗木、葡萄也各占一定比例；从事水产养殖 3 万余亩，以养殖南美白对虾居多。例如，西周伟平农场、涂茨平法农场、贤庠亚春农场等承包土地种植水稻均在 500 亩以上。改变了传统的农业经营方式，加快了农村劳动力的转移步伐。象山是农业大县，家庭承包耕地面积达 27.23 万亩，但也是土地资源贫乏县，农业人口近 45 万，人均占有耕地面积仅为 0.61 亩。同时象山又是建筑强县，外出务工效益显著。土地的快速流转，解除了土地对农民的束缚，不仅改变了农民兼业化现象，还有助于推进城镇化。

（二）农民专业合作社主导型模式

以合作社为主体，通过租赁、转包等方式把农户分散土地集中到合作社，发展合作社的种养殖核心示范基地。例如，晓塘宝兴果蔬专业合作社，坚持“合作社＋果农＋基地”的经营模式，流转了晓塘、石浦、新桥 5000 多亩闲散山坡地种植黄桃，并计划再流转 5000 亩打造万亩黄桃基地。东陈上周村 100 多户农户将 405 亩剩余承包期限的土地承包经营权，委托给该村经济合作社转包给金林果蔬专业合作社，种植橘子、葡萄等，创建现代农业休闲观光果园。

（三）农业龙头企业主营模式

以农业实体公司为主体，成片流转农户土地，有规划、有组织、有步骤地发展规模、高效农业。例如，能大公司实施“公司＋基地＋农户”的经营模式，直接流转农户土地 3370 亩自办示范基地，并采用订单辐射农户 8630 亩土地开展“五统一”经营，带动了定塘、新桥、茅洋、贤庠、泗洲头、黄避岙等乡镇十余个行政村 3040 余户农户种植蔬菜，基地总面积突破万亩。宁波伟佳种业科技有限公司规

划流转土地3000亩，打造规模化种源育种平台和标准化生产模式以及品牌营销，建成水禽和水产种源中心、种苗中心、新型技术试验中心、质量控制中心、农产品营销和展示中心，已流转土地1000余亩。象山银子洋花木良种园艺场流转茅洋乡小白岩、银洋、杨家岙等12个村1000多亩农田建立花木基地。以土地流转为牵引不仅提高了新品种和新技术的应用程度，还带动了科技推广、机器服务等合作经营的发展，形成休闲农业、规模农业和高效农业等若干特色产业区，优化农村产业结构。象山县已基本形成柑橘、杨梅、外销蔬菜、象山白鹅等“7+1”农业龙型产业格局，基地面积突破30万亩以上，超万亩基地就有12个，并逐步形成了以南部环大塘港区域为主的柑橘产业和外销蔬菜生产区，以及以涂茨、新桥、西周、大徐、茅洋等乡镇为中心的花木生产集中区，以西周、鹤浦、高塘等地为主的万亩海水养殖基地。

（四）土地股份合作经营模式

通过协商，鼓励村民以土地面积入股组建专业合作社，全县已共组建土地股份合作社7家。该模式分两种形式：一类是土地股份合作社将入股土地再统一对外发包，如泗洲头镇杨大场村217户农民以540亩土地承包经营权作价113.8万元组建土地股份合作社，分别流转给三联公司及百盛公司种植百合花，入股农户每年每亩可获450元分红收入。另一类是土地股份合作社在土地流入后统一经营，如晓塘乡西边塘村138户农户发起，以309亩家庭承包土地入股，组建了一家由合作社统一经营管理、专业从事生态观光的土地股份合作社。土地股份合作经营实现了投资主体多元化，弥补了资金投放的缺额部分。土地经营权的流转活跃了城乡要素市场，城市资金得以参与农村建设，农村人口得以放心流入城市。大企业参与重大基础设施建设有效缓解了国家、集体对农业投入的不足。象山县的能大、宏森源等农业龙头企业和象山红柑橘、宝兴果蔬等农民合作社及绿苑家庭农场、石勇休闲农庄，为解决生产能力和推广新品种，纷纷流转农户土地打造企业生产基地。

（五）村集体经济组织统一经营模式

村经济合作社为发展壮大集体经济流入本村及周边村土地发展现代效益农业，带动本村经济发展。例如，定塘沙地村利用本村农业资源、土地资源、生态资源等优势，注册天明生态农业发展有限公司，流转农户千余亩土地、林地，投资350余万元建立果园和钢质联栋百合花种植大棚，发展生态、休闲观光农业。贤庠镇碶头陈村组建丰泰粮食全程机械化合作社，流转农户土地410亩实行统一经营，创建塑料大棚轮盘育秧、机械插秧和规模机收示范点，开展现代化粮食生产。村集体经济组织与相关企业进行合作，实现土地流转经济效应的提升。三联花木、百盛公司两年内在杨大场村的基地投资已超1500万元，宏森源公司在墙头的食用菌基地也投入1800多万元，象山高塘绿苑家庭农场在龙珠村的特色水果、名优蔬菜基地投入高达1500余万元，石勇休闲农庄在新桥影视城旁的象山大塘港现代农业科技园总投资约1.05亿元，其中一期投资约5000万元。推进土地流转，切实解决了农业基础设施建设资金不足问题。

（六）冬统夏分季节性流转模式

部分乡镇根据当地农情，因地制宜，发展推行一种新型的土地流转模式：季节性流转。例如，鹤浦镇推广冬统夏分的流转模式，晚稻收割后将农户闲置土地统一流转用于冬种生产，定塘镇则推行菜稻轮作的流转方式，采取一季稻一季菜轮作，新桥创新虾—菜（草）轮作模式，在闲置虾塘里种植牧草或蔬菜。截至目前，象山县已推广“冬统夏分”面积1.2万亩，稻—菜轮作面积5万亩，虾—菜（草）轮作面积3200亩。季节性流转有效地提高了土地的使用率，提高了农业生产的集约化水平，增加了流转双方收益。

四、乡村振兴背景下象山土地经营权流转经验分析

（一）落实集体所有制，确保流转行为稳定有序

深化农村土地制度改革必须落实“三权分置”，把落实所有权、稳定承包权、放活经营权作为基本遵循，其中最重要的就是落实农村土地实行集体所有制不动摇、不突破。落实土地集体所有制是农村基本经营制度的“魂”，只有坚持农村土地集体所有制才能确保农村经济制度的公有制性质。象山县在严守政策底线的前提下，以现有二轮土地承包工作为基础，以依法自愿有偿为原则，以完善县、乡（镇）两级纠纷调处机制为抓手，于2009年成立了农村土地承包纠纷仲裁委员会，同时建立乡镇级调解委员会18个，配备村级调解员344名，严格规范和平稳有序地推进农村土地经营权流转工作，确保农村不出乱子和社会的和谐稳定。以泗洲头镇为例，该镇积极探索多元化村级集体经济发展模式，一是加快土地流转。以农业产业为支撑，将分散土地资源通过集体经营或发包方式，用于建设“一村一品”特色农业基地。近五年来，该镇流转土地总面积超过4500亩，形成杨梅、水产养殖等万亩生态农业产业带2个，香瓜、土豆等千亩生态农业产业带4个，以及有机蔬菜、中草药等百亩农业精品园7个，其中10个行政村集体经济年收入突破20万元。二是开发旅游产业。凭借良好的自然资源禀赋，优先发展采摘园、农家乐、旅游观光等特色旅游产业，拓宽村集体经济增收渠道。例如，何婆岭村结合市级提升村与特色村创建，打造“外婆家”印象品牌，开发休闲观光菜园及蔬菜种植区，配套垂钓、烧烤、采摘等旅游项目，现已建成农家客栈9家103张床位以及农家乐1家，该村仅通过烧烤项目对外承包就增加村集体年收入15万元。三是推进合作经济。鼓励以村为单位建立农民专业合作社，通过“支部+龙头企业+基地”等

方式，享受信息共享、技术支持和物资供应等优质服务。

（二）维护农民利益，保证农产品供应充足

在推进土地经营权流转过程中必须把保证粮食生产安全和维护农民根本利益密切结合起来。放活土地经营权，进一步拓展农民收入途径，这既维护了开发企业的利益，又确保了农民收入的提高。四季果园果蔬合作社实行“二次分红”，从2009年的保底600元，到2010年的1000元，2011～2012年的1500元，2013年已提高到1800元，社员还可以利用闲暇时间为合作社打工获得劳动报酬。同时，农民还可以被返聘到龙头企业、专业合作社就近打工，获得劳动报酬。对于流入第二、第三产业的农村剩余劳动力来说，经营权流转实现了“一块土地两份收入”。此外，通过流转加快了粮食生产功能区建设进程和提升了农业设施装备水平，进一步促进了粮食生产的专业化和集约化。2014年底，象山县拥有粮食生产功能区10.2万亩，其中标准化区近4万亩，粮食产量稳步提升，保障了主要农产品供给的安全和稳固。2013年，该县被评为浙江省首届“河姆渡”杯粮食生产先进单位银奖。

（三）坚持因地制宜，不断完善土地经营体系

随着农业发展方式、组织形式和经营模式的变化，必须激发土地等资源要素更大的活力，促进农村生产关系高级化，实现农业生产现代化。2008年开始，象山县通过实地调研，因地制宜不搞“一刀切”，探索流转模式，创新流转机制，支持经营主体开展土地的规模化流转，促进农业生产现代化。在全县推广家庭农场经营、农民专业合作社经营、农业龙头企业经营、土地股份合作经营、村集体经济组织统一经营和冬统夏分季节性流转六大模式，积极赋予农村基本经营制度新的内涵。为加快推动重土地审批轻批后监管的传统资源利用方式实现根本性转变，有力杜绝土地批而未供、供而未用等不良倾向，进一步提升土地节约集约利用水平，提高土地资源利用效率，着力加大土地利用批后监管力度，象山县先后制定出台产业项目准入会审、建设项目履约保证金、产业用地分阶段管理等制度，对全县建设用地从批准供地到项目竣工验收期间，全部纳入集审批、监管、统计等功能于一体的信息监管系统，并依照建设用地批准文件、划拨决定书、土地有偿使用合同等，对土地使用权人的土地利用情况进行全过程监督管理，重点将开竣工时限、土地用途、投资强度、土地使用权转让、临时用地以及土地闲置问题、土地出让金欠缴等情形纳入监控范围，由发改、国土、规划、住建等多部门合力实施土地出让金联催、项目推进联督、闲置土地联审和项目竣工联验，确保节约集约合理利用土地资源并发挥出最大经济社会效益。

（四）推动规模化、规范化流转，促进了农业产业化发展

象山县土地流转注重规模化和规范化，如表1所示，2017年土地流转率为

74.285%，规模经营比例达到85.535%，其中50亩以上比例达到64.929%，比2013年的62.631%，提高2.298%，年均增长0.575%。从签订流转合同来看，从2013年的79.974%到2017年的81.317%，提高1.343%，年均增长0.336%。从实施土地股份制或整村流转情况看，面积均在300~500亩，且集中连片，对打造产业基地、农业精品园提供了基础条件，如能大公司流转土地3370亩创办出口原料基地，并采用订单农业，实行“五统一”经营，带动本县及县外16个镇乡，12个村，3040余户农户种植出口蔬菜，辐射面积8630亩；宁波枫康生物科技有限公司在沈家洋村流转土地700亩，种植铁皮石斛，并将辐射东风、章家墩、着衣亭等周边村继续流转土地500亩，打造精品水果园。该县坚持“农业产业向最适宜的区域集中、生产要素向最优势的产业集中”的原则，按照“连线成片、规模发展”的思路，通过土地经营权流转，集中推进并不断加快农业产业区建设。农业龙头企业和专业合作社在获得土地经营权后，发展规模经营，不仅推动设施农业发展，还把农业的产前、产中和产后诸环节联结成紧密的产业链条，促进了农业产业化的发展。截至2014年底，象山县100亩以上水稻种植户达225户，面积4.69万亩，全县50头以上专业养猪场（户）达329户，专业场（户）出栏肉猪量占全县总出栏量的99.1%，同时拥有设施农业5.6万亩，其中设施大棚4.5万亩。依托该县“7+1”农业龙型产业，基本形成以黄避岙、贤庠、涂茨、西周等北部产业带乡镇为主的粮食生产功能区；以南部环大塘港区域为主的柑橘主产区；以定塘镇和新桥镇为主的外销蔬菜主产区；以定塘、新桥、茅洋、涂茨、贤庠、墙头等乡镇为主的南北二区生猪养殖基地。

表1　2013~2017年象山县土地流转规模经营及签订流转合同占比　单位:%

年份	流转率	规模经营占比	50亩以上占比	签订流转合同占比
2013	66.94	85.29	62.63	79.97
2014	70.12	85.49	63.36	81.02
2015	71.62	85.72	63.97	81.18
2016	72.34	85.84	64.31	81.33
2017	74.29	85.54	64.93	81.32

资料来源：象山县政府办公室。

（五）先行先试，实施股份制

按照“依法、自愿、有偿”的原则，支持将农户承包经营权转为长期股权，这样既有利于联合零散土地进行生产，又有利于借助参股经营、直接经营以及租赁经营等形式开展企业化管理，并且还可以根据股份数获得分红，形成“土地变股权、农户当股东、收益有分红”的土地经营新机制。整村流转，一般的流转期限保持在10年以上，有的将承包土地在剩余期限内全部流转，而土地股份合作社每年能让社员享受到“保底分红”，有效避免了土地流转后农民反悔现象，有利于经营主体加大投资力度，石昌家庭农场在新桥后七里村流转面积600亩，总投资2600万元，打造精品园发展循环渔业，实现渔农牧有效结合，2013年实现销售收入1523万元，税后利润382万元。象山县在探索土地股份制改革中实行先行先试，率先在泗洲头镇杨大场村搞试点，杨大场村在2007年实施标准农田改造后为推进土地适度规模经营，在充分尊重群众意愿的前提下，村三套班子和社员代表多次研究酝酿，以217户农户、379亩土地承包经营权作价113.5万元组建了果蔬专业合作社，并于2009年5月8日依法登记成立，成为当时全市第一家经注册的股份制农民专业合作社。合作社把土地统一对外发包，分别流转给能大公司、三联公司种植香葱和百合花。现已全部转包给三联公司经营，而入股农户每亩获得450元分红，目前已提到每亩750元。同样，晓塘乡西边塘村为了打造集现代农业、观光旅游、农耕体验、娱乐休闲为一体的生态农业观光园，在县农林局、旅游局、工商局的指导下，组建了“统一入股、统一规划、统一管理、统一分红”的以138户农户、309亩土地作价出资的四季果园果蔬专业合作社，于2009年6月12日依法登记成立，目前已扩股到157户，入股土地365亩。在杨大场村、西边塘村的引领下，周边村子纷纷效仿。茅洋乡李家弄村、丹西街道胡家碶村相继组建了土地股份制，高塘岛乡江北村开始筹划，正在做好基础性工作，准备以2000亩左右土地搞土地股份制，以此拉开该县土地股份制序幕。

五、乡村振兴背景下象山土地经营权流转现实难题及建议

（一）现实难题

1. 确权登记制度不健全，流转形式略简单

转包、出租、转让、互换和入股囊括了土地流转的主要形式，但象山县70%以上土地流转面积仍然是转包，转包对象又以经商农户和外出打工者为主。考虑到部分农户受教育程度较低，缺乏必要的法律常识，签订土地承包合同经常出现一些漏洞，权责利不明晰，容易为后续争端埋下伏笔。此外，由于土地交易市场的不完善，部分土地流转在熟人社会中开展，合同签订率较小，不规范，稳定性也较差。加之大部分土地流转均为农户的自发行为，缺乏有力的组织推进规模化流转，这增加了经营者日后在长期稳定经营的难度，加之流转期限较短也影响了经营者长期投入的准备，难以达到高效增产的目的。此外，土地承包经营权确权登记颁证明确权属关系，是推进新一轮农村改革的前提。根据浙江省农业厅部署和要求，象山县将土地承包经营权确权登记颁证工作纳入年度目标任务中，并出台了《关于农村产权制度改革的实施意见》。可以预见在确权颁证实践中会出现不同声音，有的会认为没有必要实测土地面积，建议直接沿用二轮承包的土地面积；有的会提出“确地”好还是“确股”好、实测土地面积增加怎么处理等问题。同时，该县的二轮

土地承包工作出于历史等原因，尚有少部分村的工作亟须完善，另外仍有极少部分村未开展此项工作。

2. 服务支撑体系不健全，政策支持待加强

由于农村市场化改革长期滞后，缺乏有效支撑土地流转的自下而上、多功能、网络状的中介服务体系，不仅不利于土地流转信息的收集和流转当事人的有效对接，也制约了土地流转在空间范围的有效扩展。同时，流转机制不健全，缺乏对失地农民利益的保障政策，容易滋生潜在的社会矛盾问题。各地区对加快土地流转已出台了多项政策奖励，但对流转期限长、流转规模大的重大流转行为，缺乏较好的政策奖励机制。例如，可重点在资金、技术、税费、融资、农业政策性保险品种等方面加大对规模经营主体和流转服务组织的支持力度；对失地农民缺乏必要的风险保障机制，部分失地农民因部分流入方违约或经营不善而导致了农民土地权益受损，建立失地农民流转风险保障基金，维护农民土地权益已迫不及待。作为农业经营主体来说，农业作为弱质产业，面临自然和市场的双重风险，在政策性农业保险制度尚未健全、农业生产项目支持力度不够的大前提下，经营者不敢放心大胆地大规模经营。因此制定配套扶持政策，保障农业投资项目尽快落地生花，非常必要。

3. 经营主体实力不强，集中连片流转有难度

当前，象山县农业规模经营模式还是以专业大户为主，面积占流转总面积的2/3多，经营方式主要以家庭劳动力为主，兼少量雇工或季节性雇工。同时能真正把土地、技术和资金等资源规模化、集约化经营的专业合作社和农业企业数量相当少。由于受自然条件和地域限制，持续集中连片流转农户土地变得困难重重，再加上片区内不同农户之间利益目标不一致，使整村整畈的土地流转难以实现，导致部分种植大户分片分块经营甚至跨乡镇经营，影响种植和经营效益。尽管土地股份合作社的推进有利于土地的集中连片流转，但该模式面临两大问题，一是利益机制难体现，合作社压力过大。以土地作价入股的社员只享受着每年保底分红的利益，而不承担风险共担的责任，“自主经营、自负盈亏、利益共享、风险共担”规章难以体现。四季果园果蔬合作社 2012 年受“海葵”台风重创，大棚损毁，葡萄减产。按章程规定不能进行分配，但为平息社员情绪，合作社千方百计向上级有关部门和金融部门争取资金予以兑现。此外，一旦招商引资不成功，合作社自身又无力经营，就会背上保底分红的沉重负担。二是注册登记受限制。该县注册登记的土地股份制合作社依据 2009 年浙江省工商局、省农业厅联合下发的《浙江省农村土地承包经营权作价出资农民专业合作社暂行办法》进行登记，而该办法规定仅限于向农民专业合作社出资，不包括向公司、非公司企业法人、合伙企业等其他企业出资，因而颁发的执照只能写农民专业合作社法人营业执照，而不能发土地股份制营业执照，对今后是否可以参与市场化操作产生疑虑。

4. 土地流转具“非粮化”倾向，经营权权能待显化

由于工商资本投资农业，使农业产业档次有所提升，导致土地流转费也水涨船

高。加上农业生产成本逐年上涨，导致近年来种粮比较效益不高。部分主体在土地流转后为追求利益最大化，弃粮转经现象时有发生。部分经营主体在耕地修建水泥路面，建设休闲观光园和农家乐，破坏耕作层。对于土地股份合作社模式来说，土地股份制及整村流转的面积相对于其他经营主体经营面积更大，而种植粮食生产的利润空间则更少，一旦流转成功，经营主体就向高效农业方向发展，改种附加值高的经济作物。推进土地经营权流转，只是放活土地经营权的第一步，如何使这个权能显化，具备融资、抵押和贷款等功能，仍然是象山县当前面临和亟待解决的难题。一方面需要上级主管部门的政策性指导，另一方面还需深入调查摸底，制定适合当地的具体指导意见。

（二）对策建议

1. 积极探索土地经营权权能显化，加快推进土地承包权和经营权确权颁证

落实土地所有权、承包权、经营权“三权分置”制度，推进土地承包权和经营权的确权工作。承包权的确权以二轮土地承包为基础，已开展二轮土地承包的，全面实施登记颁证工作。尚未开展或完成二轮土地承包的，根据农户意愿，采取定量定位或定量不定位方式落实土地承包权，并做好登记颁证工作。承包土地已被征用的，及时注销或变更其承包凭证。加快开展土地流转经营权的确权工作，依规依法自愿有偿流转的土地，经流入土地的经营主体申请，给予土地流转经营权登记，并颁发农村土地承包流转经营权证，需要贷款抵押的，颁发农村土地承包流转经营权他项权证。下一步，象山县要有计划、有步骤、稳妥地推进土地经营权登记颁证工作，并积极探索和制定经营权抵押、贷款办法，有效实现土地经营权权能。

2. 深化经营主体培育

加大对新型经营主体的扶持力度，积极培育“农创客”、种养大户等“农二代”，育强主体，实现权能功能，使他们逐步发展壮大，并引导他们集中连片和整村整畈流转土地，建设生产设施化、技术集成化、经营组织化、环境生态化的全产业链项目和基地。同时加大对经营主体的金融支持，规范做好流转土地经营权登记颁证和他项权证发放，积极实现土地经营权融资、抵押和贷款等功能。结合农业龙头企业技改政策，支持发展订单农业，积极对接农产品产销链条，拓宽农产品销售渠道。建设农民专业合作社提质工程，加强农业领域信用体系建设，维护好良好市场秩序。健全完善扶持发展家庭农场政策意见和示范性家庭农场认定标准，促进家庭农场数量和质量同步提升。落实鼓励大学生在农业生产领域就业创业的政策，引导大学生积极投身现代农业。创新土地流转机制，鼓励各类经营主体连片规模流转土地，投资效益农业，发展粮食、果蔬等规模经营。

3. 借鉴现代企业组织原则，积极推进土地股份制流转和整村流转，合理规划杜绝“非粮化”

一方面，明确利益机制，强化风险意识。土地股份合作组织应当向入股农户发

放股权证书或社员证书获得股权收益，收益分配可采用收益保底、盈利不分红，收益保底、盈利分红或收益不保底、盈利分红形式。无论采用何种形式，应当保证农民入股土地的收益。同时，要建立风险基金，做到以丰补歉，逐渐培育入股农民的风险意识，真正使入股农民理解利益共享、风险共担的内涵。另一方面，适应市场经济，建立法人治理机构。土地股份制合作社要创新机制，善于借外力发展自己，提高开放水平。工商部门应以土地股份制合作社或公司名称予以注册登记，支持股份合作社加快建立市场运作机制，规范化决策、执行和监督等环节。土地流转的目的是发展规模经营。要因地制宜，不要为流转而流转，流转要与粮食、蔬菜等主要经济作物和水产等优势特色产业相结合，做到合理布局。凡是适宜种粮的土地，流转后要鼓励和引导经营大户、合作社和龙头企业继续从事粮食生产。同时，要加大补贴力度，使种粮者有利可图，同时要通力协作，加强监督核查，严厉打击擅自改变土地用途的行为，制止“非粮化”，稳定粮食自给率。

参考文献

［1］Panagia，Giancarlo. The Political History of Federal Land Exchanges［J］. Electronic Green Journal，2009（128）.

［2］Wortman－Wunder，Emily. Resolution Copper：A Showcase for the Rio Tinto Philosophy［J］. Mining Engineering，2010（628）.

［3］Eddie Chi－man Hui，Barbara Yuk－ping Leung，Ka－hung Yu. The Impact of Different Land－supplying Channels on the Supply of Housing［J］. Land Use Policy，2014（1）.

［4］Juan Chen，Shaolei Yang. Rural Land Property Right System of China：Defects and Solutions［J］. Canadian Social Science，2014（102）.

［5］杜文星，黄贤金．区域农户农地流转意愿差异及其驱动力研究——以上海市、南京市、泰州市、扬州市农户调查为例［J］．资源科学，2005（6）：90－94.

［6］厉以宁．走向城乡一体化：建国60年城乡体制的变革［J］．北京大学学报（哲学社会科学版），2009（6）：5－19.

［7］林毅夫．中国的农村改革与农业增长［M］．载《制度、技术与中国农业发展》，上海三联书店，1994.

［8］黄宗智，彭玉生．三大历史性变迁的交汇与中国小规模农业的前景［J］．中国社会科学，2007，4（1）：74－88.

［9］金松青，Deininger. 中国农村土地租赁市场的发展及其在土地使用公平性和效率性上的含义［J］．经济学（季刊），2004，3（4）：1003－1028.

作者
吴 琪 戴 晶
胡文耀 杨 挺

杭州蓝领何以为家

——以杭州王马里蓝领公寓为例

一、引言

早上8点，王马里蓝领公寓，刘大姐起床洗漱，悠闲享受早餐后，步行到1.5公里外的张生记和平店开始了一天紧张而又忙碌的工作。入住王马里蓝领公寓之前，为了省房租，刘大姐住在由农民房改造的荷花苑小区，跟同事陈大姐合租，房租800元/人，两人共享一个房间。刘大姐回忆起之前住在荷花苑的日子，虽然有86路车直达，但是上下班路上都要至少花费1小时以上，而且跟陈大姐住在一个只有10多平方米的房间，不仅拥挤，而且不一样的作息时间相互打扰也是免不了的。

自从跟其他16名张生记员工一起入住王马里蓝领公寓后，刘大姐的生活品质提高了不少，光房租每个月就省下了好几百元，不仅大大节约上下班路上的时间，而且王马里蓝领公寓跟农民房相比干净、独立，生活配套设施齐全。“前几天碰到我安徽老乡，他们都羡慕我住上了这么便宜、方便和安全的房子。”刘大姐如是说。

蓝领公寓关注以蓝领群体为代表的外来务工人员的住宿问题，关注以高质量发展推动下的城市快速发展带来的高房价、高房租与蓝领工人以住宿为核心诉求的美好生活的需求之间的矛盾，让美丽城市和美好生活能够和谐发展成为了本案例的聚焦点。

［作者简介］吴琪，在读硕士研究生，任职于中国丝绸博物馆；戴晶，在读硕士研究生，任职于浙江中烟工业有限责任公司；胡文耀，在读硕士研究生，任职于温州市自然资源和规划局；杨挺，在读硕士研究生，任职于国家税务总局温州市税务局。

二、研究内容

（一）调查意义

近年来，各地政府都在大力探究蓝领公寓的运行模式，也积极探索和总结丰富的经验及政策，通过建设蓝领公寓对租房市场的大力补充，来切实解决城市低收入蓝领家庭在大城市的住房问题，改善他们的生活成本，减轻蓝领工人的负担。

通过对杭州市蓝领公寓政策和多处蓝领公寓实地调研可以看出，蓝领公寓解决保安、餐饮、环保等城市服务业蓝领工人的住房问题，成为蓝领工人考虑住宿的首选。

（二）调查内容与研究方法

整个课题围绕研究背景、现状研究、模式解读、对策建议和总结推广展开，实地调研多家蓝领公寓，并深度解读杭州市首个蓝领公寓——王马里蓝领公寓。在实地调研和客观数据为基准条件下探究了蓝领公寓运营模式和创新点，提出了进一步的建议，促使蓝领公寓又快又好地发展。课题的研究过程、研究内容、研究方法如图 1 所示。

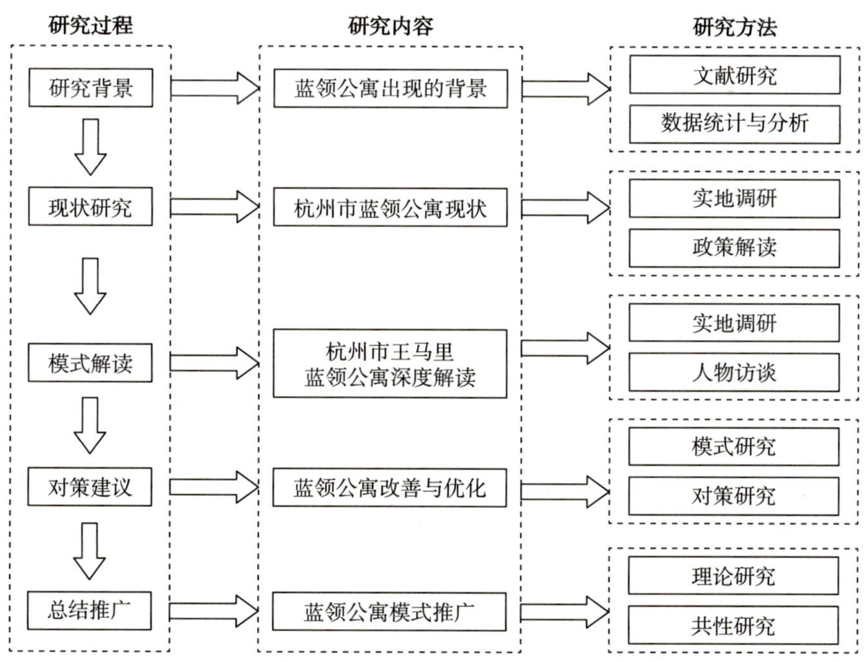

图 1　课题研究过程、研究内容、研究方法

三、蓝领悲呼：租房之难，难于上青天

租房对于在一线城市工作的人是绕不开的话题，也是必须要解决的安居问题。但是，现实却给了很多人沉重的一击：房屋市场信息混乱、租金高、距离和舒适度永远找不到理想点，这让广大漂泊的异乡人大呼伤不起。虽然有些人大声疾呼“宁愿在小城市买一套房，也不愿意在大城市租房”。但口号毕竟是脑子发热的产物，原本就是肾上腺素飙升后的产物，等到激情散去，还是在大城市好好干吧，就又开始了和城市房价的抗争之旅。

（一）高昂的房租，月光的薪水

北京、广州、厦门、杭州等数一数二的城市吸引着大量年轻人。这些地方意味着工作机会多、生活丰富、城市设施和福利完善，但高昂的房价让很多人想留却不能留。

根据安居客租房网数据，我们选取一线城市代表北京和广州，新一线城市代表厦门和杭州，以这四座城市 2018 年 12 月一居室的平均房租价格进行对比分析，如图 2 所示。

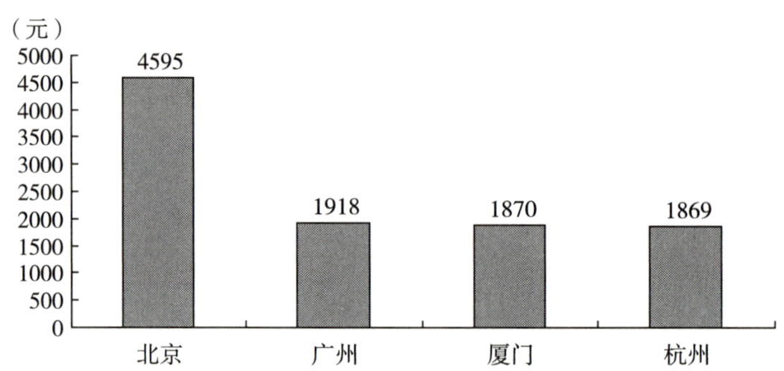

图 2　2018 年 12 月四座代表城市一居室平均房租价格

资料来源：安居客。

面对动辄 1000 多元/月，高则 5000 多元/月的房租，是否会给租房者带来负担？通过各地统计局的一组就业人员平均工资数据来说明，如图 3 所示。

我们不仅统计了四座城市平均年工资，还统计了蓝领代表行业餐饮业的平均年工资。由此可以看出，在北京，一名餐饮业蓝领工人一年的房租费用占到工资总额的 89.46%，广州该比例为 48.21%、厦门该比例为 44.32%、杭州该比例为 44.22%。随着城市化进度的加快，近年大城市的房屋租金大幅上涨，快递员、建筑工人和一些服务性工作人员等的收入有限，面对工资收入将近大半花费在“一

张床”上，这让他们在大城市的生存环境变得更加严峻，呈现出高昂的房租、“月光”的薪水的尴尬局面。

城市	一居室房租价格（元/年）	平均年工资（元）	餐饮行业平均年工资（元）
北京	55140	127107	61630
广州	23016	111839	47735
厦门	22440	83839	50626
杭州	22428	88752	50708

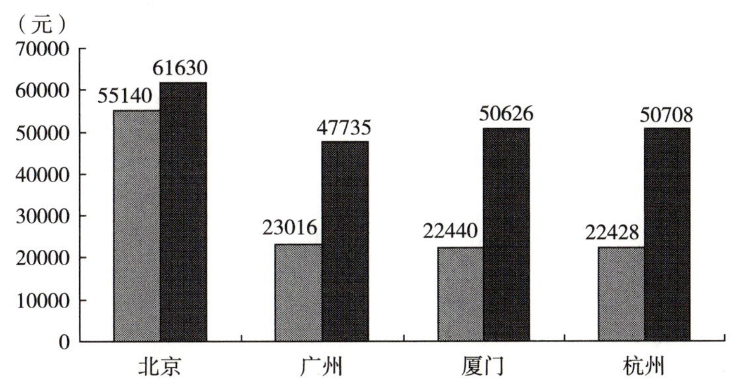

图3 四座代表城市一居室平均房租价格与收入关系

资料来源：安居客，统计局。

如上所述，在杭州，一名餐饮业蓝领工人房租收入占工资收入的44.22%。根据统计到的杭州市各个区一居室的平均价格，可推算一名餐饮业蓝领工人租住在上城区或者下城区，按照两个城区租房平均价格2500元/月来计算，房租费用占工资收入的59%，那么在工作单位附近租房几乎是不可能的事情。

（二）杭州租房市场的现状

新一线城市、中国硅谷、互联网之城……近年来，杭州的发展增速屡刷纪录，诸多光环加身，越来越多的人涌入。杭州互联网经济发展和大数据发展的背景下，加上适宜居住的环境，吸引着众多人来杭州工作与生活。很多人只能通过租房这个方式来解决住宿问题，杭州租赁市场需求越来越大。那么，杭州租房市场的现状又是怎样的呢？

1. 市场供不应求，差量越来越大

随着流动人口不断增加以及房价攀涨，杭州租房市场需求正迅速增长。图4为杭州近一年租金走势，需求价格的平均值为47.55元/月/平方米，供给价格的平均

值为54.19元/月/平方米，供给价格一直大于需求价格，说明需求量一直大于供给量。图中两条价格线的差值越来越大，可以看出供应量与需求量的差值越来越大，租房市场供不应求。

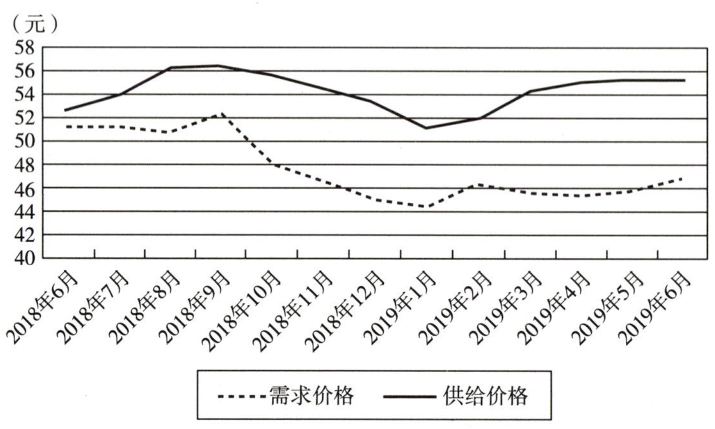

图4　杭州近一年租金走势

杭州租金持续上升的最主要原因是市场的供需关系。G20后，杭州城中村大量拆迁，使许多房东变成了租客。农民房供出租的房屋数量大幅减少，但租房需求却有增无减。在需大于供的情况下，2018年杭州平均租金为6216元/套/月，租金水平位列全国热点城市第四，超过广州、厦门和南京。

2. 供求结构错位、低端房源锐减

杭州住房租赁市场的供求结构错位主要表现为户型、区域结构性供求矛盾（顾杰等，2019）。2019年上半年与2018年上半年同期对比，较明显的是由于租金的上涨，使得租金在1500元·平方米/月以内的房源大量减少，同时租金在2500~3500元·平方米/月的房子占比相应上升，抬高了杭州租房的“最低门槛”。由图5可知，租金小于1500元的房源由2018年上半年的7%降至2019年上半年的0.28%，1500~2500元的房源由2018年上半年的13%降至2019年上半年的8.9%，主力房源集中在2500~3500元，小户型、低总价房源锐减。

由图6可知，2018年，杭州的租房人口增长率居全国首位，超越了北上广等一线城市。G20后，低收入人群增多，小户型和低价位房需求增大，而市场供给无法满足实际需求。

3. 蓝领工人流失

发展中的杭州，享受赞誉的同时，也经历着“阵痛期”。地铁建设、城中村拆迁，这些举措刷新了杭州的颜值，但也让外来人员备受租房难、租房贵等问题困扰。对于外来打工者，身处异乡本来就多有不便，再加上工作辛苦，住宿不能保证，将直接影响生活品质和工作效率。

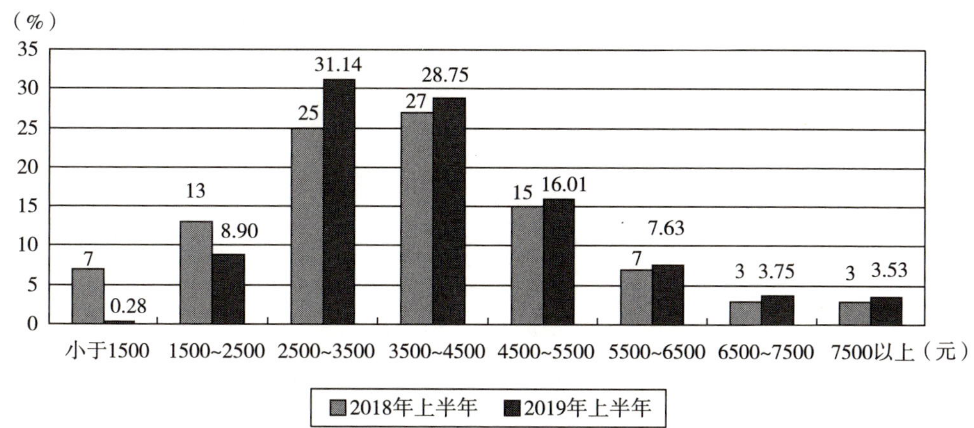

图5　2018 年上半年与 2019 年上半年杭州各租金段成交比例变化

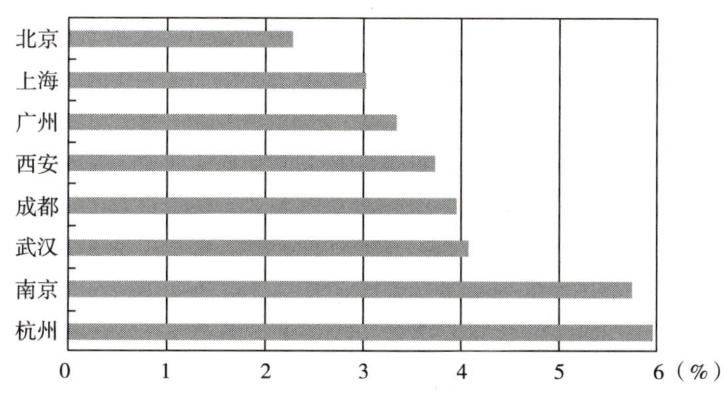

图6　全国各城市租房人数增长率

图 7 为蓝领人群收入水平分析，由图可知，蓝领工人收入水平主要集中在 4000 元左右。像保安、保洁、餐饮等服务性行业，多数职位处于社会职业的底层，从业人员大多缺少专业技能，上升空间狭小。仅凭工资收入，很难在大城市长久立足。

为了节省房租，蓝领工人选择偏远郊区的农民房，每天风雨无阻地骑电动车上下班，或者赶着早晚高峰的公交车上下班，通勤时间大大加长。随时可能加租的农民房受到城中村改造影响，廉价出租房房源减少，很多蓝领工人因为租房贵、租房难问题被迫离开杭州。即使是留在杭州的蓝领工人，也被迫向郊区的城中村转移，通勤时间大大增加。此外，在中央振兴农村发展的大背景下，许多外来务工人员的家乡发展越来越好，离家近、工资收入尚可、朋友亲人又离得近，也难免越来越多的蓝领工人考虑回到家乡寻求发展。

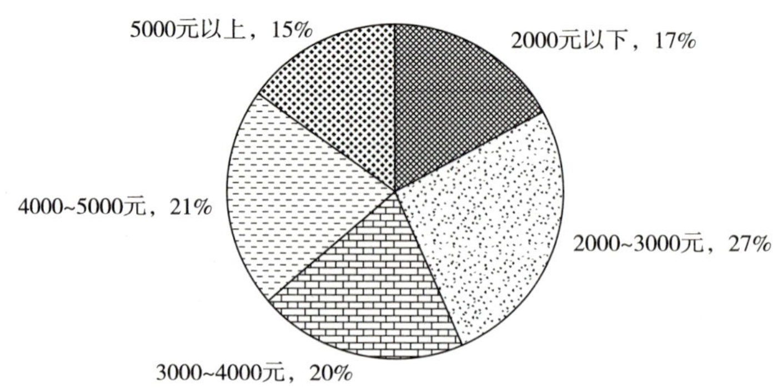

图7 蓝领人群收入水平分析

（三）蓝领工人住宿困境

经济适用房、廉租房、公租房、人才专项房，再加拆迁安置房和危旧房改善，逐渐构成了颇具杭州特色的"六房并举"住房保障体系。但是在六种类型的保障性住房中，只有三种是保障性租赁住房，即廉租房、公租房、人才专项房，且杭州保障性住房体系中没有包含蓝领公寓。

就目前来看，蓝领工人的住宿主要靠在外租房和企业集中职工宿舍来解决（朱蒙钰，2019）。对于在外租房的制造业蓝领，存在的安全、消防等隐患更大，而且过于分散的出租房不便于政府的统一管理，频发的群租房安全事故让人心有余悸。

四、杭城智慧：蓝领公寓，破局新方法

蓝领公寓的出现，开启了租房市场的新赛道，既是在租房难和租房贵的背景下满足大量外来务工人员的居住需求的一种办法，也是城市对外来务工人员居住管理的一种探索。在未来，杭州市政府将建设4万套蓝领公寓，重点缓解外来务工人员租房难问题，让外来务工人员有一张干净的床。

（一）杭城率先推出蓝领公寓

在蓝领工人心里，需要一个安定、安全的住宿地方，安放下一张蓝领工人的床。这张无处安放的"床"好比一只无形的手，推动了蓝领公寓的诞生。2017年底杭州市在全国率先提出为外来务工人员建设专门的租赁住房——蓝领公寓。作为全国首批住房租赁试点城市，杭州在加快推进住房租赁市场发展的道路上稳步前行（见图8）。

2017年7月
杭州被列入租赁市场试点城市
2017年7月，杭州市被列入全国首批培育和发展住房租赁市场试点城市

2017年8月
租赁市场工作方案出台
2017年8月，杭州市出台了《杭州市加快培育和发展住房租赁市场试点工作方案》，明确了存量工业、商业办公用地、用房新（改）建为租赁住房的原则性意见

2017年12月
杭州制定蓝领公寓目标
2017年12月，杭州市出台了《关于加快筹集建设临时租赁住房的工作意见》和《关于加强临时租赁住房建设和管理若干问题的通知》，明确各城区到2020年底前要累计筹集蓝领公寓4万套

2018年1月
列入新“六场硬仗”中的一项重要内容
2018年1月，杭州市委十二届三次全会将蓝领公寓列入新“六场硬仗”中的一项重要内容，全力加快建设蓝领公寓

2018年2月
公布第一批住房租赁试点国有企业名单
2018年2月，杭州市公布第一批住房租赁试点国有企业名单，杭州市城市建设投资集团有限公司和杭州市钱江新城投资集团有限公司等20家企业为国有住房租赁试点企业

2018年6月
杭州第一个蓝领公寓正式交付使用
2018年6月，杭州市首个蓝领公寓项目——下城区王马里蓝领公寓正式交付使用，300余名蓝领工人成功入住

2018年12月
杭州市启动25个蓝领公寓租赁项目
2018年底，杭州市共有25个蓝领公寓项目启动租赁受理工作，推出房源10568套

2019年
杭州市继续加大蓝领公寓建设力度
2019年，杭州市将继续加大蓝领公寓的建设力度，计划全市新增筹建蓝领公寓15000套

图 8　杭州市蓝领公寓推进过程

在住房租赁试点的推进中，杭州把蓝领公寓、人才专项租赁房等作为住房租赁市场的重要组成部分。为此，杭州以满足新市民住房需求为出发点，遵循“政府主导、政策扶持、市场运作、租金适度控制”的原则，最大限度利用将拆未拆房屋、空置存量房屋和暂时闲置土地进行改建或新建，积极推进蓝领公寓的筹建工作。图 9 为截至 2019 年 10 月底杭州市各区蓝领公寓汇总定位图。

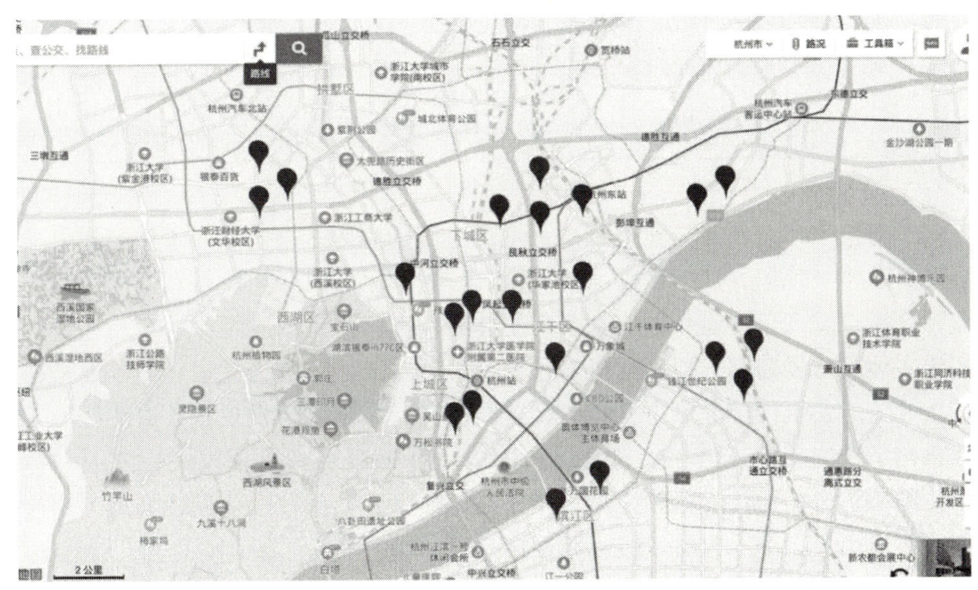

图 9　截至 2019 年 10 月杭州市各区蓝领公寓汇总定位图

从2018年6月王马里蓝领公寓正式交付使用，截至2018年底，杭州市共有25个蓝领公寓项目启动租赁受理工作，推出房源10568套（间）。十多个项目已交付，涉及房源7000多套（间），6个项目完成招租工作，入住蓝领人员近2000户。2019年，杭州继续加大蓝领公寓的建设力度，全市新增筹建蓝领公寓15000套，表1为截至2019年10月杭州市蓝领公寓项目汇总。蓝领公寓的出现大大满足了蓝领工人对住宿的需求，让他们住得更安全、更安心、更有尊严，更是蓝领工人对追求高品质生活的响应。

表1　截至2019年10月杭州市蓝领公寓项目汇总

城区	项目	城区	项目
上城区	尚蓝公寓（一期）	滨江区	水电一处原综合办公室/水电招待所
	尚蓝公寓（二期）		中南宿舍楼
	上尚公寓	经济技术开发区	科技路服务外包基地
	江城路蓝领公寓		德胜东路环卫集体宿舍
下城区	王马里		金乔街蓝领公寓（南北区）
	华丰·悦居	萧山区	时尚云村
	石桥南苑		浙江三弘羽毛国际有限公司宿舍
江干区	智城公寓		科创中心
	福田居·浜河公寓		广泽小区（一二期）
	福田居·水墩公寓		建材厂宿舍改建
	馨家公寓（一期）		宁都花园
	馨家公寓（二期）		万达商务酒店改建
拱墅区	春风驿·计家（一期）	余杭区	蜀山蓝领公寓
	春风驿·计家（二期）		良渚片区
	春风驿·康桥		径山片区

通过对杭州市蓝领公寓实地调研，走访上城区尚蓝蓝领公寓，下城区的王马里蓝领公寓、华丰悦居，江干区馨家蓝领公寓，拱墅区春风驿·康桥和西湖区魔方九号蓝领公寓，发现目前运作的蓝领公寓主体有两类：一是政府主导，专门运营机构为实施主体的蓝领公寓，以王马里蓝领公寓、馨家蓝领公寓为代表；二是委托品牌租赁企业为运营机构，如魔方九号蓝领公寓。经过实地调研发现，政府委托的专门运营机构运作的蓝领公寓比较符合该公寓的设计初衷，其运营模式如图10所示。而由品牌租赁企业运作的蓝领公寓，则已发生转型，转成社会化蓝领公寓，不再只出租给企业用户，个人也可以提出租住申请。

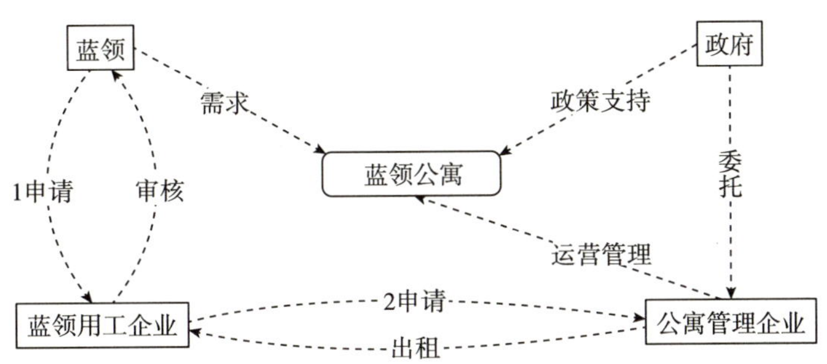

图 10　蓝领公寓运营模式

（二）蓝领公寓运营

2018 年 5 月 22 日，《杭州蓝领公寓（临时租赁住房）租赁管理办法》正式出台，算是真正意义上蓝领公寓政策破冰。同年，杭州市公布第一批住房租赁试点国有企业名单，杭州市城市建设投资集团有限公司和杭州市钱江新城投资集团有限公司等 20 家企业为国有住房租赁试点企业。

在实际运营中，要明确蓝领公寓和群租房之间的区别。蓝领公寓虽然是宿舍型公寓，但是由招标正式的运营机构来进行运营和管理，在安全性、严格性方面都有一系列的政策体系。对于消防安全，蓝领公寓的管理制度也有明确规定。当然需要强调的是蓝领公寓的招租直接面向企业，而不是面向个人，而且对企业的资质也是有要求的。

蓝领公寓被列入浙江省新“六场硬仗”中的一项重要内容，遵循“政府主导、政策扶持、市场运作、租金适度控制”的原则。

1. 掌舵者：政府

蓝领公寓的掌舵者——杭州市政府对蓝领公寓政策做顶层设计，各区政府则是将政策落实到排摸适合租赁地块、制订申请流程、审核及管理方式等具体工作中。

杭州蓝领公寓有两个选址标准：第一，城中村改造范围内将拆未拆的酒店、办公用房、学校、企业厂房、集体宿舍、市场；第二，城中村改造范围内已拆平但短期内不实施项目的地块。这两种筹建方式充分利用城市闲置土地，盘活了低效土地资源。

政府对蓝领公寓的区位选择、租金标准、建设结构等也有明确规定。市住房租赁试点工作领导小组办公室提出：“临时租赁房原则上布局在交通便利、配套齐全的区域；租金考虑房屋建设、维修和运营管理成本等因素，低于同地段周边房屋的市场租赁价格；租期根据临时租赁房所在地块的实际来确定，在出租前明确租期。”

2. 划桨者：运营企业

运营企业一般由两种方式产生：政府直接委托和第三方企业竞争性磋商采购。运营企业一般为物业公司，负责蓝领公寓的日常统一管理。工作职责主要有公寓日常秩序管理、公寓规章制度制定、公共区域卫生和安全、入住人员档案管理、物业水电费等征收，以及其他一些常规物业工作。

3. 受惠者：企业和蓝领工人

蓝领公寓所在区的企业主要以第三产业服务型企业为主，注册基金达到100万元可以向该区蓝领公寓主管机构提出租住申请。

企业内部则会制定一套详细的选人标准，如入住人员需为申请单位收入相对较低的非杭州市区户籍职工，符合签订一定期限劳动合同、在本区正常缴纳社保满1年、市区无房、办理暂住证、先进工作个人、荣誉称号等都可加分，最后按照得分高低来确认入住人员。

蓝领工人能以300～1800元的价格租住在市中心干净、独立的房间，不仅居住环境大大改善，比起个人租住在偏远的郊区，上下班通勤时间也大幅缩短。此外还能享受蓝领公寓中的集体食堂、图书室等公共设施，和工友们一起更有了家的归属感。

五、无畏探索：王马里蓝领，吹响冲锋号

2018年6月7日，“王马里”开始面向社会开展租赁受理工作，这标志着杭州蓝领公寓筹建工作从建设阶段向分配使用阶段迈出了实质性一步。王马里蓝领公寓作为杭州首个蓝领公寓，非常具有代表性，所以课题组选取王马里蓝领公寓作为本次研究的重要对象。

（一）王马里蓝领公寓介绍

表2为王马里蓝领公寓基本介绍。

表2 王马里蓝领公寓基本介绍

项目	具体情况
位置	下城区东新街道岳帅里144－148号 与杭州明珠实验学校、东新街道社区卫生服务中心只有“一墙之隔”，公寓南侧是城市之星
交通	离未来地铁5号线城市之星站不到200米，有6路、8路、47路、72路等公交车站
建筑情况	总建筑面积5303平方米 其中5幢主房改建于农民房，1幢改建于大礼堂
房源情况	345套房源。85%左右为单身公寓，面积在9～13平方米，平均2～3个单间就配有1个公共卫生间；15%左右为家庭房，家庭房分为双人间和套房，自带卫生间。最大的套间还有一个儿童房
装修情况	所有房源都已经进行了简单装修，配备了床、床头柜和桌椅等基本家具，卫生间里淋浴设施齐备，基本可以实现“拎包入住”

（二）王马里蓝领公寓调研

2019 年 7 月、8 月、12 月，课题小组多次前往杭州市王马里蓝领公寓做了实地调查，访谈了约 30 名入住蓝领公寓的蓝领工人，了解他们的入住感受，也访谈了王马里蓝领公寓本科物业的经理、保安和保洁，了解具体运营。

1. 入住蓝领公寓前后房屋对比

入住蓝领公寓前，因为收入有限，蓝领工人租房、配置家具都本着经济适用的原则，主要居住在农民房或者郊区，空间面积较小，家具家电设备破旧，环境呈现出拥挤混乱的状态，生活设施缺乏，普遍没有燃气、消防、垃圾转运等设施。

而王马里蓝领公寓，招标物业（杭州本科物业管理服务有限公司）统一管理，让蓝领工人在主动遵守公寓规定的前提下获得细致的服务。王马里六幢公寓整体统一，相对独立，易于集中管理，体现企业、社会对蓝领工人的关怀。王马里蓝领公寓采用门禁系统，大大提高安全性，还配备开水房、洗衣室、食堂、小卖部、图书馆、免费电动车充电装置和快递柜等配套设施。王马里蓝领公寓丰富了房源类型，从单人间到双人间、儿童房，户型内部功能丰富齐全，大大考虑了蓝领工人的家庭现状，更加人性化。

2. 入住蓝领公寓前后安全性对比

入住蓝领公寓前，因为收入有限，蓝领工人一般入住城中村的群租房，最大的好处就是租金便宜，入住方便。经改造的群租房会破坏建筑原有结构，使通道变得狭窄，人员密集，群租房室内电器线路布置缺乏规范，极易发生电线短路引发火灾。一旦发生火灾，因为没有安装室内消防措施，给消防扑救带来很大的困难。所以，人身安全和财产安全无法得到保障。

入住王马里蓝领公寓，安全性大大得到提升。王马里蓝领公寓安全管理非常严格，每个房间内不仅有烟感喷淋头、灭火器，本科物业工作人员定期会清查房间，查找安全隐患。还会定期对住宿人员进行消防演练，做到每个人都会使用灭火器。专门在公寓旁设置电动车充电桩，充电位充裕，安全高效。每一栋公寓的每一层都配备灭火器，内部楼道均配置一个灭火器，每栋楼都安装摄像头，进一步保障公寓的安全。

3. 入住蓝领公寓前后心理对比

之前租房由于收入低又没有固定住所等，所以有着较大的经济压力和心理压力，有种漂泊感和不安全感。

蓝领公寓在管理模式上是企业、员工、物业公司三方共同管理，企业在人文关怀上也更进一步，主动承担起蓝领工人房租的全部或者一部分，减轻蓝领工人生活负担。相比之前住的郊区，王马里蓝领公寓不仅位于主城区黄金地段，而且交通非常便利。我们从王马里蓝领公寓出来，向南大概走 200 米就是在建的杭州 5 号城市之星地铁站，同时周边有多个公交车站，非常便利，大大减少了通勤时间。

王马里蓝领公寓统一管理，而且提高了室内的居住品质，体现了关怀与人性化。蓝领公寓不仅仅是一张床那么简单，还加入了一些配套设施，如第三方餐饮，便利店以及一些健身活动场所。在王马里蓝领公寓设置接待室，方便入住的蓝领工人与朋友见面。公寓配备的娱乐设施和文体活动场所，满足蓝领工人对体育活动的需求，引导蓝领人群培养积极的、健康的生活方式，配备的图书馆满足蓝领工人对获取知识的渴望，有助于提高他们的文化素质，打造一个内容丰富、充满活力的生活环境。

六、钱塘潮声：杭州经验，联动有成效

2018 年 9 月，浙江省住建厅推广了杭州蓝领公寓建设工作的做法和经验，认为杭州作为国家试点城市从战略层面推进蓝领公寓筹建建设与管理，有效解决外来务工人员住房难和住房贵的难题，创造了不少典型经验，杭州经验迅速成为全国效仿的对象。

（一）政府职能观念转变

习近平总书记在党的十九大报告中指出，要坚持以人民为中心的发展思想。杭州市在不断向一线城市迈进的同时，对城市蓝领工人也充满了脉脉温情的关怀，体现了以人民为中心的服务理念。

城市蓝领工人主要在劳动密集型的城市服务业中从事保安、餐饮、保洁、保姆等工作，他们收入不高，却为城市发展做出了巨大贡献，已经成为城市运转不可或缺的一部分。但由于制度和能力的限制，他们很难发出自己的声音，为自己争取权利，在城市中处于弱势地位；他们无法享受城市的各种福利，却要面对城市的高房租、高消费的经济压力；他们是城市的建设者，却无法共享城市的繁荣。城市化本来就是要通过集聚效应带来的规模报酬递增，让所有人共享城市发展带来的利益，吸引农村人口进城定居，上述现象显然违背了城市发展的真实意图。蓝领公寓政策正是对城市正义的诠释，让蓝领工人共享城市发展繁荣。

（二）盘活闲置土地资源

城市中心的低效利用地块和闲置土地如何进行有效的利用一直是个难题，而城市中心又基本上是处于土地稀缺的状态，地价节节攀升，形成了一个有趣的悖论。

杭州市对低效利用地块和闲置土地使用的探索一直走在全国前列，通过“退二进三”、“腾笼换鸟”、城镇低效用地再开发等政策，把城市中心原有的旧办公楼、学校、集体宿舍、旧工业厂房等进行拆除或改造，形成新的产业园区。例如，杭州市上城区的“尚城 1157”主题综合体改造自杭州卷烟厂的厂房，上城区的文化创意园区“越界・锦绣工坊”改造自杭州绣品厂的厂房，西湖区的东信・和创

园前身为东方通信集团的老厂区，现在是一个兼具复古文艺及网红元素的文创园区。杭州市的蓝领公寓对这些将拆未拆的公共建筑的另一种有效利用，在不影响城市总体布局的情况下，为蓝领工人在城市中的生存腾出了一片空间。

（三）精准定位目标群体

政府推出的蓝领公寓不直接面向个人，而是面向用工企业。该方案节省了政府在核定众多个人申请材料时的人力物力投入，转而直接审核企业资质。此外，企业资质有工商证照作为背书，比一般的个人信用及资产情况更方便查询。一处拥有上百套房源的蓝领公寓，只需要审核几家或者几十家企业的资质即可。通过精准定位用户企业，降低了政府审查成本，提高了政府工作效率。

七、精益求精：规范标准，力圆安居梦

当然，蓝领公寓从政策落地到全面实施不足 3 年，仍在快速变化与发展。与任何新生事物一样，它还面临着不少挑战，需要不断调整才能走向完善，立足杭州对蓝领公寓发展的迫切要求，在下一个阶段中，要从以下几个方面入手解决：

（一）要进一步明确政府与市场的边界

兴起于 20 世纪 70 年代末 80 年代初的新公共管理运动认为政府的作用应当限定在核心公共领域，为整个社会提供导向功能和服务功能。根据国家九部委的文件，发展住房租赁市场要培育机构化、规模化住房租赁企业、创新住房租赁管理和服务体制等，都体现出了对政府导向性和服务性的要求。

杭州市应当进一步明确政府与市场的边界，充分发挥市场在社会总体资源配置中的基础性作用，增加住房租赁有效供应，让更多的住房租赁企业进入蓝领公寓市场，保障社会资源的有效利用。

（二）要进一步做好政策服务

国内的长租企业主打白领公寓，但由于资本的蜂拥而至，市场竞争激烈，众多企业陷入盈利难的局面，蓝领公寓以其高效的空间利用率正在成为资本市场上新的风口，近一年来，安歆公寓、优客逸家等多家主打蓝领公寓的企业获得了资本的青睐，完成融资。面对巨大的市场需求，资本正在不遗余力地进入蓝领公寓市场，杭州市作为最早在政策层面破冰的城市之一，要充分运用已经形成的成熟的经验和做法，出台配套政策措施，吸引资本到杭州建设蓝领公寓，帮助解决蓝领工人的居住问题，形成城市、资本、人民群众共赢的局面。

（三）要进一步明确蓝领公寓建设标准

尽管杭州市在文件中规定要提倡使用绿色节能环保施工材料，优先采用预装配式结构，并明确新建临时租赁住房不得超过4层，但是缺乏统一的标准，对住房使用材料也没有更具体的标准和要求。这让各地在建设蓝领公寓时没有参照的标准，若建设规格明显超出蓝领工人的需求，则是对公共财政的浪费；若粗制滥造，则失去了建设蓝领公寓本身的意义；缺乏标准还会造成监管的缺失。在前期试点时期建设少量蓝领公寓时尚能进行一定程度的监管，后期蓝领公寓建设量持续增加，更多企业进入蓝领公寓市场时，若没有统一的建设标准，则必然会引发矛盾冲突，影响社会稳定。

八、总结

杭州市率全国之先，推出蓝领公寓的速度之快、力度之大，彰显了破解顽疾的诚意，对蓝领人群的这份细微关照，也彰显了一座城市的有容担当。作为“六场硬仗”中的一项重要内容的蓝领公寓在很大程度上填补了城中村拆迁改造后，城市蓝领工人的房屋租赁市场的空缺，给全国多个地方提供了可借鉴、可复制的成熟经验，形成了继“最多跑一次”改革之后的又一个“浙江经验”。

参考文献

［1］顾杰，张意，周刚华．杭州住房租赁市场中的新问题及路径选择研究［J］．中国房地产，2019（3）：51－53.

［2］朱蒙钰．蓝领公寓：解决外来务工者住房的新途径［J］．温州人，2019（6）：23－24.

经济发展

作者
金　赟

把握金融科技发展趋势
营造金融科技生态环境

一、引言

随着科技的迅速发展，大数据、云计算、人工智能、区块链等新兴前沿技术正在金融领域发挥着越来越大的作用，催生出各类创新产品，对金融行业产生了深远的影响，金融科技这一概念应运而生。金融科技是指运用云计算、大数据、人工智能、区块链等技术帮助提升金融行业运作效率的一种业态。一方面，金融科技可以助力传统金融机构转型；另一方面，通过技术的迭代更新，金融科技可以发展出传统商业模式无法提供的高壁垒性新产品和新服务。

近年来，金融科技在浙江省蓬勃发展，为金融发展和社会进步提供了源源不断的新业态、新产品。金融科技的发展也正成为浙江发展数字经济，实现经济升级换代的重要推动力量。浙江省政府非常重视营造金融科技发展环境，通过打造西溪谷金融小镇等金融科技集聚高地，举办全球金融科技创新博览大会等国际性论坛，引进国际电联数字货币（中国）实验室等智库，努力提升浙江省的金融科技中心地位，让金融科技成为推动浙江省金融业发展的中坚力量。

得益于经济体量大、互联网产业发达的基础条件，浙江省不仅拥有一批像蚂蚁金服这样行业领先的金融科技企业，金融科技还向传统金融积极渗透，改造业务模式，在业界起到良好的推动和示范作用。但与此同时，浙江省金融科技行业还面临行业风险集中、城际竞争激烈、金融产业缺乏全国影响力等难题。在金融科技日益成熟的趋势下，浙江省有必要利用好金融科技发展基础，

［作者简介］金赟，浙江省公共政策研究院研究员、财通证券研究所副所长。

进一步把握金融科技发展趋势，营造适宜金融科技发展的生态环境，为浙江省打造新兴金融中心增添动力。

二、浙江省金融科技发展现状

近年来，浙江省经济稳中有增，数字经济发展迅速，为金融科技的发展提供了广阔空间。从经济总量上看，2018 年浙江省 GDP 达 5.61 万亿元，民营经济优势持续提升，人均 GDP 超 13000 美元。其中数字经济核心产业增加值 5548 亿元①，比上年增长 13.1%，占生产总值的 9.9%，比重较上年进一步提升，电子商务规模、云企业数量、网络基础设施水平等都在全国名列前茅。从金融产业基础来看，浙江省金融业体量大，综合金融实力强。截至 2018 年 12 月末，全省本外币存款余额超过 11 万亿元，成为全国第五个超过 10 万亿元的省份。2018 年，浙江省民间投资增长 17.8%，在最新公布的中国民营企业 500 强中，有 93 家浙江企业上榜，连续 20 年居全国第一，发达的民营经济为民间金融的发展提供了良好的基础。此外，浙江省是全国数字经济的领跑者，技术水平和产业融合度较高。目前，浙江省已经聚集了蚂蚁金服、恒生电子、同花顺、连连支付、趣链科技等一批高质量金融科技企业；形成了以钱江新城、钱江世纪城为中心，钱塘江金融港湾和城西科创大走廊为“两轴”的金融科技发展空间布局；成立了之江实验室、阿里达摩院、西湖大学等智库平台；举办了全球金融科技创新博览大会、云栖大会、世界工业设计大会等国际性数字经济展会活动。浙江省在数字金融等领域取得了可观的发展成就，成为全国数字经济的领跑者。

在良好的经济和产业基础下，浙江省金融科技产业呈现出以下发展特点：

（一）金融科技巨头层出，推动行业生态化发展

杭州市拥有超级巨头蚂蚁金服，以及连连支付、趣链科技等 33 家融资额超 5000 万元的金融科技企业。在毕马威发布的 2018 年全球金融科技百强企业报告中，蚂蚁金服位居全球第一，蚂蚁金服旗下的支付宝、余额宝、招财宝、网商银行、芝麻信用等子业务板块分别涉及网络支付、网络资产管理、网贷和大数据征信等各个方面，为中国金融科技生态圈的构建提供必要的支撑。此外，51 信用卡作为全国首个且最大的在线信用卡管理平台，具备领先的金融科技能力和风控能力。以趣链科技为代表的区块链企业方兴未艾，“金融 + 区块链”发展前景广阔。

（二）金融科技基础设施完善，普惠性使参与者有获得感

浙江大学互联网金融研究院司南研究室发布的《2018 中国金融科技中心城市

① 数据来自浙江省统计局。

报告》显示，杭州市金融科技基础设施贡献率位居全国第二，金融科技使用者占比高达 91.5%，居全国第一，相比第二名的深圳高出 5.4%，是当之无愧的全球移动支付之城。此外，杭州云计算贡献率达到近 50%，阿里云成为中国最大、全球第三的公共云服务商，奠定了杭州市在云计算行业的领先地位；杭州区块链贡献率超过 16%，位居全国第三。

浙江省领先的信息技术水平和政策支持促进了底层基础设施的完善，移动支付的广泛应用给居民生活带来了切实的便利。2017 年，杭州市在全国率先实现了地铁、公交支持支付宝移动支付。2018 年底，浙江省已经实现所有地级以上城市公交车银联移动支付产品全覆盖，省内 30 县公交也已支持银联移动支付购票乘车。此外，浙江正在全省推进移动支付在商贸旅游、交通医疗、市政公用、政务服务等领域的全方位运用，力争 2022 年实现移动支付全省城市全覆盖、县域基本覆盖。移动支付的普惠性将让居民实实在在地感受金融科技给日常生活带来的变革力量。

（三）传统金融拥抱金融科技，业务模式不断创新

浙江省传统金融机构在金融科技的强烈渗透下也焕发出巨大动能，浙江金融业积极探索金融科技与传统业务的结合落地。浙商银行开发涌金司库系统，依托易企银平台、集团资产池及相关产品与服务，向企业提供集账户管理供应链金融等于一体的金融、科技综合解决方案。杭州银行与阿里云计算有限公司、杭州城市大数据运营公司，联合打造了以金融机构数字化转型发展为研究方向的金融科技创新实验室。财通证券与蚂蚁金服达成全面战略合作，依托财通证券全牌照经营的优势，为蚂蚁金服用户提供研究支持、金融产品、投顾咨询等一揽子的综合金融服务。同时，蚂蚁金服将输出优秀的金融科技能力，加速推进财通证券财富管理转型，助力财通证券构建线上零售业务的场景及生态。在金融科技的影响下，浙江传统金融机构正在着力加强金融科技发展布局，深入运营大数据、人工智能、云计算、区块链等新兴技术，实现传统金融业务模式的不断创新。

（四）政策利好频出，助推人才资本集聚

2015 年以来，杭州市相继出台“人才新政 27 条”、“杭州人才若干意见 22 条”和《关于加快杭州人才国际化的实施意见》等引智政策，吸引了大量海内外人才落户杭州。以阿里巴巴集团和浙江大学为代表的产业龙头和一流高校科研力量不断进行产学研合作交流，诞生了阿里达摩院、西湖大学、区块链技术研究院等一批产学研基地，为金融科技的发展提供了源源不断的技术支持。在良好的创业环境和创业政策支持下，资本也不断涌向浙江的金融科技行业。2018 年仅杭州市就拥有 33 家融资额超过 500 万元的金融科技公司，创业项目年增 4.01%，连续四年位居全

国第一。①

2017 年 12 月，杭州市在首届钱塘江论坛上向世界宣布，将打造全球金融科技中心。2018 年，浙江省又把发展数字经济作为一号工程，加快打造数字产业化发展引领区、产业数字化转型示范区、数字经济体制机制创新先导区和数字科技创新中心、新型贸易中心、新兴金融中心“三区三中心”。此外，在浙江省打造八大万亿产业、建设钱塘江金融港湾、落实“凤凰行动”计划、规划浙江大湾区的政策背景下，浙江金融科技将借力产业转型升级和区域协同发展，迎来新的机遇与升级。

三、发展金融科技的重要意义

（一）助力金融风险防控

1. 金融科技为金融风险防控提供了技术支撑

金融业务的多元化发展给金融风险防控带来了一定的难度，地方金融风险问题逐渐凸显。金融风险防控一方面需要更加健全的政策体系，另一方面也需要依托更加发达的技术。就技术角度而言，金融科技给金融风险防控带来了更多可能，大数据技术可以构筑起庞大的数字监管系统，实现数据实时更新、多系统同步联动，极大地提高了监管的有效性；互联网征信和供应链金融能够在一定程度上对传统金融机构的征信进行补充，更加立体地获取上下游中小企业风险信息，从而有效控制风险。以浙江网盛生意宝股份有限公司为例，公司的网盛融资平台致力于打造一站式企业在线融资服务平台，借助公司雄厚的金融科技实力，平台与 7 家银行进行了信息平台对接，还有 5 家银行在商谈合作，已经为 2600 多家中小企业累计发放 3 万多笔贷款，贷款总额超过 70 亿元且没有一笔坏账②。

2. 金融科技帮助完善征信体系扩大市场空间

P2P 网贷等互联网金融组织的出现也给金融风险防控带来了一定挑战，2018 年以来，我国 P2P 行业不断爆雷。截至 2019 年 2 月，共计出现了 2681 家问题平台③，借贷违约风险的不断积累凸显出健全征信系统的紧迫性。当前 P2P 行业的线上风控水平显得尤为重要，全球最大的 P2P 公司 Lendingclub 虽然有完善的信用评分体系和成熟的内部算法设计，但自 2015 年起其贷款逾期率也全面超过了美国银行业平均水平。我国征信数据库主要由央行征信系统、银行数据库以及第三方征信系统（以芝麻信用为代表）、P2P 龙头企业共享数据库构成。其中，央行征信记录

---

① 数据来自浙大互联网金融研究院发布的《2018 中国金融科技城市》。

② 数据来自光大证券的《供应链金融平台迎重要发展机遇》。

③ 数据来自网贷之家网站。

只覆盖约4亿人，银行数据库不进行公开，第三方征信系统的费用非常高昂，P2P龙头共享数据库也将很多小平台排除在外。因此，国内民间个人征信系统比较薄弱，众多P2P平台在无法实现大数据风控的情况下，只能采取抵质押借贷、再担保等传统手段进行风控，或者用业务模式的高利率覆盖高风险。随着国家对健全征信体系的日益重视，互联网金融机构也将纳入征信体系，互联网征信的完善和黑名单制度的建立将会大大减少P2P平台的金融风险，也将进一步降低P2P行业的经营压力，市场空间将得到进一步拓展。

（二）为传统金融机构赋能

1. 金融科技推动传统金融机构业务渠道创新

面对互联网技术的蓬勃发展，传统金融业也开始寻求与金融科技的融合发展。银行业从过去以柜台业务为核心的传统服务模式发展至现在的多渠道、个性化新型业务生态模式。一方面，银行加快线上渠道，如手机银行、直销银行等的创新与建设。商业银行网上银行、手机银行、微信银行和自助渠道业务量逐年上升，特别是手机银行已经取代电脑端成为线上交易的主要入口。另一方面，物理网点也在向智能化、轻型化和社区化转型，大量银行网点引入了智能业务设备代替人工办理一些简单业务。互联网技术等金融科技为银行和用户增添了更多的对接渠道，过去银行和客户主要通过面对面对接，而移动互联网技术的出现使银行和客户突破了空间限制，可以随时随地进行业务对接，构建起全新的金融生态模式，帮助银行业突破传统业务渠道限制，成为一站式综合金融服务平台。

2. 传统金融机构借助技术手段展开业务创新

传统金融机构主要依托网点开展金融业务，不仅受到信息、成本、时间等条件的限制，而且给客户带来的体验也不佳。随着金融科技的发展，传统金融机构加强了智能化改造，网点的定位也由交易型逐步转为营销型。传统金融机构纷纷开拓网上销售理财业务，通过手机APP或者支付宝等流量入口，开通小额低门槛的理财产品，与基金、衍生品和保险产品结合，拓宽了销售渠道。大数据、人工智能、区块链等技术的不断突破给金融机构的业务创新带来了无限可能。大数据分析增强了客户定位的精准性和实效性，允许金融机构更主动和具有针对性地为客户提供综合金融服务；人工智能使金融业务更加智慧化，可以在理财顾问、风险控制、业务咨询等方面优化服务体验，为客户提供更快捷、准确的服务；区块链融合了互联网、密码学、经济学等领域，可以为传统金融机构提供更安全、高效的数据储存和传输方式，缩短业务流程，降低运维成本。

（三）促进金融服务多元化和普惠性

1. 金融科技丰富了金融服务种类

金融科技的发展创新了金融的服务方式，丰富了金融服务种类，提高了工作效率，改善了消费者体验。从网络支付来看，传统金融机构的支付服务主要针对客户额度高、频率低以及对效率和费用不敏感的支付需求，而互联网第三方支付则主要满足客户在互联网环境下对小额、高频、实时、非面对面、低费用的非现金支付需求，更多的是发挥对传统金融支付领域的补充作用，带给消费者便捷、高效的支付体验。金融科技打开了金融业服务链条上的节点，让各类金融机构都能结合自身特点，提供自己最擅长的专业化服务，实现多元化金融服务协调发展。

2. 金融科技拓宽了金融服务的宽度

互联网基金、互联网保险和互联网借贷等新兴金融科技产品由于具备门槛低、办理方式灵活便捷等优势，很好地满足了传统金融系统下难以覆盖的长尾人群。网贷平台就是金融科技普惠性的一种实践，网贷之家的数据显示，2019 年 1 月 P2P 网贷行业的活跃投资人数、活跃借款人数分别为 232.93 万、264.63 万，众多中小企业和个人从各类网贷平台获得了金融服务。此外，互联网征信平台也拓展到传统征信没有覆盖的范围，蚂蚁金服旗下的芝麻信用用户数量超过 10 亿，对于央行征信系统起到了补充作用。不少信用卡机构和网络借贷公司都开始参考用户的芝麻信用分进行授信，让一些在传统金融机构难以贷到资金的用户能够获得金融服务。

四、浙江发展金融科技面临的挑战

根据前文对浙江金融科技发展现状的分析，我们对浙江金融科技产业进行了总结，如图 1 所示。

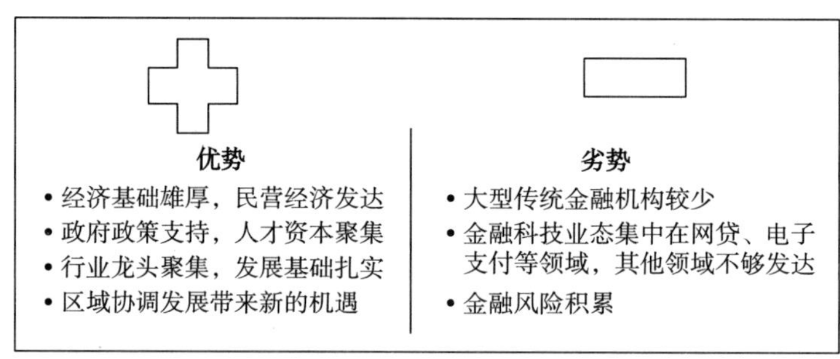

图 1　浙江金融科技产业优劣势分析

通过上述分析可以总结出浙江金融科技面临的机遇和挑战：

（一）本土传统金融业尚有较大发展空间

传统金融业优势不突出是浙江省经济的一大主要问题。当前浙江省的金融业增加值贡献度呈下降趋势，并且低于江苏、广东等省市（见表1）。从银行业金融机构资产总额来看，浙江也一直落后于江苏、上海和广东（见表2）。浙江目前的传统金融体量与浙江的经济实力不相符，仍需进一步发展本土金融机构，丰富金融行业业态，发挥金融在经济运行中的润滑剂和推动剂的作用。浙江本地金融机构，如浙商银行、财通证券、杭州银行等发展迅猛，但与北京、上海、广东等地相比，浙江还缺少具有全国影响力的本土传统金融机构，金融业在实体经济运行中的贡献度有待进一步提升。

表1　浙江、江苏、上海、广东金融业增加值占第三产业比重　　单位:%

年份	浙江	江苏	上海	广东
2017	12.80	15.71	25.15	14.25
2016	12.66	15.54	24.24	14.57
2015	13.70	15.56	24.45	15.62
2014	14.41	15.44	22.26	13.39
2013	17.11	14.02	21.00	12.86

资料来源：《中国统计年鉴》。

表2　浙江、江苏、上海、广东银行业金融机构资产总额　　单位：亿元

年份	浙江	江苏	上海	广东
2017	141027	166703	147500	143315
2016	133074	156200	144200	142659
2015	119130	135000	129800	127340
2014	105656	122100	110400	112400
2013	96300	108608	98000	105759

资料来源：各省市银监局网站。

（二）新型金融业态带来的金融风险挑战

金融科技在蓬勃发展的同时也给金融业带来了不少风险，不仅涵盖了传统金融的信用风险、系统性风险，还叠加了信息安全风险、道德风险等，对金融稳定和监管能力带来挑战。金融科技对信息系统的依赖程度较高，容易受到攻击和篡改，从而引发技术风险。一些金融机构在利用金融科技推出新型产品时，往往为了抢占市场而急于求成，在未经过严格测试和风险评估的情况下发布产品，触发安全事故。还有一些所谓的金融科技创新，被过度地进行包装和炒作，沦为投机和诈骗的工具。此外，大型金融科技公司的混业经营还增加了交叉风险，这种经营模式一旦发生问题将会出现巨大的系统性风险。

（三）金融科技业态发展分布不均衡

总体来看，金融科技主要可以分为支付结算、存贷款与资本筹集、投资管理、

市场设施四类。① 在支付结算金融科技发展方面，浙江一直走在全国前列，以支付宝、连连支付为代表的互联网第三方支付平台已经发展成为行业标杆。在市场设施金融科技发展方面，浙江也取得了不错的成绩，杭州在全国率先实现了地铁、公交支持支付宝移动支付，在浙江省内不管是商贸旅游、交通医疗还是市政公用、政务服务等业务都能通过手机轻松完成办理。但在存贷款与资本筹集、投资管理金融科技发展方面，浙江还存在着许多不足。存贷款与资本筹集主要包括 P2P 和股权众筹，虽然浙江 P2P 平台前期发展迅速，但从 2018 年起也集中暴露出许多风险，反映出监管层面的缺失。投资管理主要包括智能投顾、电子交易服务等，依托传统金融机构的业务发展，但目前浙江本土传统金融机构与行业龙头还存在着一定的差距，应用范围比较有限。

（四）其他省市金融科技发展竞争

北、上、广、深作为一线城市，金融积累和科技积累深厚，在发展金融科技时具有得天独厚的条件（见表 3）。以北京和杭州为例，2018 年毕马威发布的中国领先金融科技企业 50 强榜单中，北京共有 18 家企业入选，涵盖大数据公司、借贷、场景金融和保险科技等多个领域，而杭州仅有蚂蚁金服和 51 信用卡两家企业入选。此外，这些城市也相继发布了金融科技和数字经济发展规划，力争在新经济赛道上领先一步。各城市最新的金融科技扶持政策中有不少监管亮点，如上海市陆家嘴拟推出“沙盒监管”模式，广州的地方金融大数据系统以及深圳市的金融机构总部吸引政策等，给浙江省金融科技发展带来一定压力。

表 3　北、上、广、深四大城市金融科技促进政策总结

城市	发布时间	相关规划	主要内容
北京	2018 年 11 月 9 日	《北京市促进金融科技发展规划（2018 - 2022 年）》	推动金融科技底层技术创新和应用，催生领先前沿技术、加快培育金融科技产业链，打造创新生态系统；拓展金融科技应用场景，发展现代金融服务体系；优化金融科技空间布局，形成协同发展格局；开展金融科技制度创新，保障金融科技产业健康发展；加强重点政策支持，营造良好创新环境；保障措施等九大部分
上海	2018 年 5 月 10 日	《陆家嘴互联网新兴金融产业园暨创新孵化基地配套措施》2.0 版本	一是打造应用场景创新平台；二是建设各类金融科技产业基地；三是加强各类专业服务；四是建立公共研发平台；五是加强风险防范体系建设；六是完善人才服务体系；七是打造展示交流平台；八是落实财政扶持；九是推动国际合作和推广

① 李文红，蒋则沈．金融科技业态分类与监管思路［J］．金融监管研究，2017（3）．

续表

城市	发布时间	相关规划	主要内容
广州	2018 年 10 月 23 日	《广州市关于促进金融科技创新发展的实施意见》	一是深入贯彻一手抓创新发展、一手抓风险防控的理念；二是提出金融科技类主体范围；三是探索建设广州地方金融大数据系统；四是加强金融科技知识产权保护及搭建金融科技成果对接服务平台
深圳	2017 年 9 月 25 日	《深圳市扶持金融业发展若干措施》	坚持服务导向，优化金融政策环境；发展金融总部经济，鼓励金融总部企业做大做强；支持金融企业分支机构落户布局，鼓励精细化发展；规范发展新兴金融业态，丰富金融市场层级

五、促进浙江金融科技发展的相关建议

（一）提高监管科技，实施科技治理

金融科技监管的难点在于技术风险、信息风险和交叉风险，但监管方也可以借助技术手段进行监管手段的革新。以 P2P 监管为例，由于银监会和各地区金融办无法获得和监控平台的交易数据和资金流向，因此根本无法实时监控平台是否合规运行，只能通过事前备案和事后清查控制一定风险。而在监管科技的帮助下，政府可以运用如大数据、风险管理、实时跟踪等技术手段监控风险，与金融科技企业技术同步、数据同步，这种动态、实时的监管可以有效解决信息不透明和监管滞后性的问题。

监管科技在中国刚刚起步。从顶层设计上看，2018 年 8 月 31 日证监会印发《中国证监会监管科技总体建设方案》，提出要加强软硬件建设，应用大数据、云计算进行数据采集和分析以及探索人工智能技术，主动优化监管方案。从地方落实来看，北京和广东等地走在探索监管科技的前沿。作为金融监管的创新先锋，北京市近期和蚂蚁金服合作推出一项创新科技成果——北京金融风控驾驶舱，可以通过数据实时跟踪对北京的金融科技企业进行合规性监测，并对重点行业风险和个体风险进行预警。除此之外，国内已经有重庆、西安、广州、贵阳等城市与蚂蚁金服展开合作，运用“蚂蚁风险大脑”系统防范金融风险。广州市在《广州市关于促进金融科技创新发展的实施意见》中明确提出要“建成具有风险信息主动发现、持续监控预警、交易合同存证、风险事件应急处置等多项功能的地方金融风险监测防控平台”。浙江省应该发挥信息技术产业优势，主动推进监管科技落地，运用大数据、云计算、人工智能等手段做到风险的实时监控和事前防范。

（二）拓宽金融服务广度，发展普惠金融

发展金融科技还需要把握的重点是发展普惠金融。2019 年 2 月 25 日，银保监

会印发《关于加强金融服务民营企业的若干意见》，提出要优化金融服务体系，进一步缓解民营企业融资难、融资贵的问题。引导金融服务实体经济发展，满足企业和个人的发展性需求，才是未来微观金融层面发展的方向。

从家庭普惠金融角度来看，2017 年浙江省家庭普惠金融总指数为 0. 623，位列全国第四，其中家庭普惠金融需求指数为 0. 570，位列全国第二，而家庭普惠金融供给指数为 0. 501，位居全国第五①。可见，浙江省家庭普惠金融供给仍需加强。在金融科技领域，政府监管需要处理好市场与政府的关系，让市场发挥更多的作用。金融科技领域的网络支付、传统业务技术改造、大数据征信和消费金融等已经发展成较为成熟的业态，应该鼓励市场力量做强做大。而对于面向中小微企业和中低家庭的普惠金融，政府则应当采取更加灵活的方式，引导金融机构提供服务。

首先，普惠性金融的政策应该更加具有针对性，针对农民、城镇低收入者、残疾人群和小微企业等不同类型客户精准投放信贷产品和金融服务。其次，从普惠金融基础设施来看，应当适量增加中低收入消费者和老年人群的正规信贷需求和投资理财类服务投放，增加此类人群和小微企业的保险覆盖率，发挥商业保险在对冲风险上的作用。此外，建议开展全省以微观家庭和中小微企业为对象的普惠金融需求调查，建立连续数据库，准确识别和量化长尾人群的金融需求，为评估普惠金融政策的效果和优化监管组合提供科学参考。

（三）创新监管模式，引入沙盒监管

沙盒监管最早由英国金融行为监管局（FCA）提出，一个监管沙盒是一个安全空间，企业能够在其中测试创新产品、服务、商业模式及交付机制，不会因从事有关活动而直接承担正常监管的后果②。建立沙盒监管主要有三个步骤：首先，由企业提出申请，监管局根据企业情况进行授权来限制企业在沙盒里的活动权限。其次，企业先进入虚拟沙盒，虚拟沙盒使企业能够在进入市场前提前测试产品服务技术，通过虚拟沙盒后企业可以选择进入正式沙盒或直接进入市场。最后，还有专为非营利企业成立的沙盒保护伞机制，非营利公司可以在沙盒保护伞下免于进入沙盒测验，通过批准的方式直接被监管局监管。

沙盒机制可以减少创新企业走向市场的时间成本，降低合规风险和法律风险，使得公司能够在上市前不断调整，为消费者提供更好的产品和服务，将企业做大做强。从消费者角度来看，沙盒监管使得监管部门能够提前监测企业有哪些非法和侵害消费者权益的事情发生，从而防微杜渐，更好地保护消费者权益。

截至 2018 年，英国、新加坡等国家和地区都实施了沙盒监管，其中英国对金融科技的各个细分领域都建立了沙盒，其他地区主要将沙盒建立在智能投顾、区块

---

① 数据来自西南财经大学 CHFIS 数据库 2017 年调查数据。

② 定义参见英国 FCA 发布的《沙盒监管报告》。

链等前沿科技领域（见表4）。上海陆家嘴是内地率先推出监管沙盒的地区，2018年5月10日，陆家嘴金融城联合业界发布了《陆家嘴互联网新兴金融产业园暨创新孵化基地配套措施》最新版本，提出要配合监管部门试点推出“监管沙盒”，搭建行业自律平台，促进金融科技行业的发展。

表4　实施沙盒监管的国家与地区

<table>
<tr><th colspan="2">国家或地区</th><th>数量（个）</th><th>时长</th><th>测试主体</th><th>业务类型</th><th>进度</th></tr>
<tr><td rowspan="2">英国</td><td>第一批</td><td>18</td><td rowspan="2">6个月</td><td rowspan="2">大型金融机构及金融科技初创企业</td><td>智能投顾、支付清算及数字身份认证</td><td>已完成测试</td></tr>
<tr><td>第二批</td><td>24</td><td>保险、支付、零售银行和零售贷款</td><td>即将开始测试</td></tr>
<tr><td colspan="2">新加坡</td><td>1</td><td>6个月</td><td>金融科技初创企业</td><td>保险智能投顾</td><td>正在测试</td></tr>
<tr><td colspan="2">澳大利亚</td><td>1</td><td>1年</td><td>金融科技初创企业</td><td>证券智能投顾</td><td>正在测试</td></tr>
<tr><td colspan="2">中国香港</td><td>15</td><td>视项目情况而定</td><td>银行</td><td>声音、指纹和手指客户身份认证、区块链、应用程序接口，聊天机器人、软件令牌</td><td>其中9个已完成测试，准备推广</td></tr>
</table>

杭州落地了中国区块链监管沙盒杭州湾产业园，由浙江大学管理学院、浙江大学互联网金融研究院、浙大区块链研究院、浙商区块链应用联盟联合参与运营管理和技术服务。截至2018年，已经有30家大健康行业和食品行业入驻。但是杭州监管沙盒的落地距离真正的监管沙盒还有较大差距，真正的监管沙盒必须连接监管部门和科技企业，由政府监管部门提供一定的政策空间，让科技企业在其中进行模拟和磨合，监管试验是关键。中国区块链监管沙盒杭州湾园区实际上只是个园区孵化器，监管宽松且有一定扶持政策，但这跟传统创新园区并没有本质区别。浙江省在区块链、云计算、大数据等产业技术方面拥有良好的基础条件，经过充分论证后可以主动探索落地沙盒监管，在银行业先行探索监管沙盒的做法。在试行阶段可以借鉴英国模式，确定测试项目后，对每个测试项目指派专人跟踪沟通指导，增强对监管测试的针对性，及时把握测试中反映的新情况、新问题，提高对测试所反映政策、措施和法律事项的应对能力。

作者
程 洁 丁浙斌
王佳燕 沈泽红
崔雪琪 彭 磊

浙江省制造业数字化转型的路径及对策研究：创新生态系统视角

摘 要：随着新一代科技革命与产业变革的不断涌现，大力发展先进制造和智能制造，是我国在数字化过程中采取的重要举措。报告以浙江省制造业中的30家企业中的具有显著特色的7家企业为案例研究对象，探讨浙江省制造业数字化转型的路径和对策研究。研究发现：①制造业企业在转型升级过程中涉及设备、车间（工厂）、企业、行业层次；②制造业企业要与生态系统中的其他参与者（高校、政府、供应商等）有效互动，获取数字化转型的必备要素；③传统制造企业进行数字化转型升级的实现路径有：数控设备驱动、智慧工厂驱动、数字化管理驱动、智能物流驱动。在此基础上，报告对企业、政府在数字化转型过程中提出建议：①政府助力制造业数字化转型；②行业互联网平台赋能制造业数字化转型；③创新生态系统多主体驱动制造企业数字化转型。

关键词：数字化转型；制造业；创新生态系统；吸收能力；案例研究

一、问题提出：制造企业如何成功实现数字化转型

随着新一代科技革命与产业变革的不断涌现，越来越多的国家认识到，只有加快推动数字经济的发展，才能够更加有效地推动经济增长。根据埃森2019年中国企业数字化转型指数研究，我国企业的数字化转型已经开始稳步

［作者简介］程洁，浙江工商大学硕士研究生；丁浙斌，浙江工商大学硕士研究生；王佳燕，浙江工商大学硕士研究生；沈泽红，浙江工商大学硕士研究生；崔雪琪，浙江工商大学硕士研究生；彭磊，浙江工商大学硕士研究生。

推进，67% 的企业将数字技术变革视为企业发展的要点之一，但是只有 9% 的企业转型成效显著。因此，顺应数字经济发展趋势，探索数字化转型的模式及对策，解决制造业数字化进程中的重难点问题，成为我们需要重视的问题。

（一）数字化转型：制造业发展的新价值创造逻辑

近年来，随着物联网、大数据的出现，很多行业都出现了以数字化为优势的新的竞争对手，对传统的制造企业都产生了很大的冲击（见图 1）。以制造行业为例，竞争对手采用数字化技术作为优势，对传统产业在价值链上的地位和份额发起挑战，一方面，数字化技术（而非传统的制造技术）对产品的价值贡献增加，使传统制造业失去竞争力；另一方面，数字化使制造企业对客户的直接接触变少。因此，在以大数据为代表的新技术日渐成熟的背景下，出现了传统制造产业进行数字化转型的浪潮。数字化转型后的企业核心竞争力，从传统的制造能力变成了“制造能力 + 数字化能力”。而对于最终交付的产品价值增值部分从单纯地通过制造增值演变成“制造增值 + 数字化增值”。一方面提高的是传统制造企业的生产质量和生产效率，另一方面通过数字化，提高对于客户的精准服务，通过数字化转型推动制造企业更进一步的服务化转型。

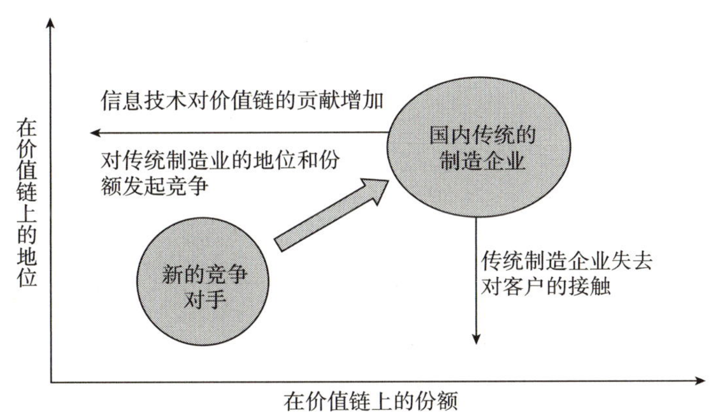

图 1　数字化技术产生的威胁

（二）数字化转型：制造产业发展的新浪潮

2019 年初，中国信息通信研究院举办的“ICT 深度观察报告会暨白皮书发布会”中指出，“中国的数字经济处于平稳发展阶段，但也遇到不平衡、不充分等问题。有必要加速进行产业数字化转型，进一步增强数字化治理，这些举措对于促使数字经济更加高质量健康发展有着至关重要的作用，同时对于国家治理体系和治理能力的现代化发展起着重要的推动作用”。

要想进一步提高制造业企业的创新水平与创新能力，必须要重点提高制造业的生产效率，着力推动价值链的升级，在软硬件方面的技术能力都需要同步提高。国家统计局发布的研究报告显示，在我国制造业领域，研发投入占主营业务收入的比重有着显著的提高，从2006年的0.5%增加至2015年的1.0%。为了继续推进这一规划部署，国家开发投资公司继续对“先进制造业基金”投入了200亿元；国家开发银行、上海国盛资产公司以及中国移动集团向“国家集成电路产业投资基金”投入1390亿元。

（三）数字化转型：浙江制造业的新机遇与新挑战

浙江省政府在2014年的政府工作报告中指出，浙江要继续重点发展先进制造业，对于信息化与工业化进行深度融合，制造业与生产性服务业需要联动与融合发展，大力发展浙江内高新技术产业。进一步，2018年，随着工业互联网的发展速度越来越快，制造业的数字转型进程也逐渐加快，浙江在传统制造业的数字化与智能化的更新改造中，新增数字化车间60个、工业机器人1.6万台、无人工厂6家；在企业增加云计算的过程中，新增超过12万家上云（云计算）企业，已经累计达28万家，其中重点的工业制造业企业的云计算普及率高达65.81%。浙江数字经济核心产业实现增加值5547.7亿元，同比增长13.1%，对浙江的贡献率达到了17.5%。2019年4月，浙江省杭州市经信局举办杭州市制造业数字化改造攻关项目对接活动，将浙江传统制造企业与数字工程企业对接，推进浙江制造企业的数字化转型。

但是对于大多数企业而言仍然面临诸多困难和短板，本文将这些困难归纳为：首先，浙江省内的制造业市场存在激烈的竞争，市场环境竞争的公平性有待提高；其次，企业管理中存在多个问题，如缺乏管理人才、品牌建设不完善、企业文化不全面以及激励机制的不平衡等；最后，制造业企业的核心竞争力建设根本还是创新能力，但是企业的基础性技术创新能力不足，缺乏核心技术等，这导致了经营模式与快速增长的经济发展严重不匹配。

（四）问题聚焦与研究意义

在已有的调研以及行业研究报告来看，大多数的研究都较为单一地从宏观或微观的角度来看待数字化转型，即政策背景下制造企业顺应政府响应进行数字化转型或是从企业发展战略来研究为什么企业在转型的过程中选择数字化这条道路以及为什么能够转型。然而，对于制造业转型的一般路径以及有关数字化核心能力的创建过程很少有深入的研究。

综上所述，本文以数字化发展为背景，探讨了浙江制造企业进行数字化升级所需的核心要素，从创新生态系统视角出发，分析企业在数字化转型升级各阶段的合作方的影响。本文的主要研究目的是回答以下问题：浙江制造业企业在进行数字化转型的过程中涉及哪些层次？对于处于创新生态系统中的制造企业，如何利用多方合作促进数字化转型？浙江制造企业的数字化转型路径是怎样的？

通过对上述问题的回答，为企业、行业和政府提出数字化转型的相关建议，以期浙江制造业企业数字化转型平稳、快速进行。本文对于浙江处于数字化转型升级各个阶段的制造业企业有着一定的借鉴意义，即制造业企业在数字化转型过程中应关注哪些核心要素，并基于此来选择合适的合作方式，合理重构、构建、整合自身所有资源，让企业尽可能地以低风险、有保障的方式实现转型升级。

二、相关理论基础回顾

（一）创新生态系统理论

创新生态系统由多主体共同构建，各主体承担不同的角色，大企业肩负引领作用，政府提供政策保障，其他组织机构给予资源支持，主体间通过开放协作提高创新生态系统的创新能力并满足各主体的价值诉求（Kapoor & Lee，2013）。相关研究主要聚焦于企业、产业、区域或国家层次。Moore（1993）提出“商业创新生态系统”的概念，以此为开端，促进了产业创新生态系统的研究。

对于产业创新生态系统的定性研究大多涉及新兴产业、高科技产业、文化创意产业等宽泛的行业，对特定、细分产业的研究较少。此外，目前对于制造业生态化的研究仍停留在思想、方式和范式上，对于生态化的战略转型研究不够深入（余菲菲和高霞，2018）。从转型过程来看，制造企业生态化转型主要经过产品、平台以及产业层面的三个时期。转型路径则与企业转型前基础、企业产权属性、技术特性、宏观环境因素等息息相关。其中，企业内部的数字化建设是企业数字化转型初期，企业外部的数字化建设则使创新生态系统转型进入拓展期（胡海波和卢海涛，2018）。构建产业相互融合、协调发展的数字化生态体系是国家数字化转型发展方略的重点之一。而数字化转型升级不是某一家或几家企业的技术升级，也不是某个产业的升级，而是以新的运行方式与产业互动重塑整个工业体系，这要求在工业全局基础上进行顶层设计，因此，基于创新生态系统的战略转型不可忽视。本文试图从产业创新生态系统视角进行多案例分析，发现转型痛点与挖掘转型机遇，为利益相关者提出相应建议与措施。

（二）吸收能力理论

吸收能力，指作为一个组织或个人识别有价值的外部知识，然后同化和应用它的能力（Cohen & Levinthal，1990）。Huang 等（2018）的研究表明，吸收能力与各种积极效益密切相关，包括提高创新、知识转移和组织学习能力以及改善绩效等，并且大多是在组织层面探索这一概念。吸收能力通常可分为实际吸收能力和潜在吸收能力两类，其中实际吸收能力通过知识的转化和运用帮助企业获得直接竞争优势，潜在吸收能力通过知识的获取和消化帮助维持竞争优势（Zabra & George，

2002）。信息技术的发展则对知识的编码和网络化提供支撑，而组织的认知结构会影响知识的吸收。

运用吸收能力理论解释企业转型的研究较多，研究重点也从关注吸收能力的直接作用转向为吸收能力的中介、调节作用。由于能力对企业转型具有制约作用，企业通过培育新的能力能够加速实施转型决策（Yi et al.，2015）。因此，吸收能力是转型的内在基础，通过帮助企业实现知识的整合、创造，推动企业的能力升级（许庆瑞等，2013），为企业转型提供内部驱动。发展水平、人力资源水平、研发水平等影响吸收能力的因素都会制约企业转型。本文根据案例访谈资料整理与编码，对企业数字化转型过程中的吸收能力种类进行分类，探讨转型中遇到的问题及所需核心要素。

三、企业转型升级相关研究回顾

关于企业转型升级的概念，目前尚未有明确定义。“企业升级”的概念最早由Gereffi（1999）提出，认为企业升级是企业或经济体转向获利能力更高的资本密集型或技术密集型经济领域的过程。相关研究从关注经济转型、体制改革情境下的企业转型逐渐转变为产业集群升级与转型策略，目前关于制造业转型升级的研究主要侧重转型类型和模式、升级路径以及影响因素三个方面（孔伟杰，2012），结合调研实际情况，本文将重点回顾企业转型升级影响因素及路径的研究。

（一）转型升级影响因素

由于概念的不明确以及评价标准无法量化，对企业转型升级影响因素的直接研究较少。一般来说，影响因素主要分为内部因素和外部因素。内部因素主要有资本积累、人力资源等关键资源以及创新能力、吸收能力等关键能力，企业家精神、企业文化等也是企业转型升级的重要因素。外部因素则主要为行业特征、市场结构、政府政策等宏观环境因素。这类因素通常不受企业控制，企业在转型升级中需要充分了解外部因素，减少转型升级阻碍。

也可以根据对企业的作用将影响因素分为推动因素和制约因素（Humphrey & Schmitz，2002）。其中，推动转型升级的因素包括企业根据自身发展需要主动推进的拉动因素，以及宏观环境等促使企业被动转型的推动因素。制约企业转型升级的因素多样，包括企业自身的资金、人才、技术限制以及外部的竞争激励、市场准入限制等。

不同地区，不同行业甚至不同企业的转型升级路径不尽相同，企业必须对内外部影响因素都有了解，才能更好地制定转型方向和升级战略。因此，识别影响因素是探索企业转型升级内在机制的基础。本文在采用案例研究的方式探索企业转型升级内在机制前，也对其影响因素进行概括总结，主要从创新生态系统理论的视角，对访谈资料进行编码，总结概括出浙江制造业数字化转型升级的五大类影响因素。

（二）转型升级类型研究

企业转型升级路径的研究较为丰富。学者从一个或某几个企业出发，运用单案例、多案例研究等方法探索其转型路径。例如，Humphrey 和 Schmitz（2002）从微观角度将企业升级分为过程升级、产品升级、功能升级及跨产业升级。程虹等（2016）基于企业员工调查数据分析提出企业转型的四条主要路径，分别是企业家精神转型、盈利模式转型、要素投入转型及增长模式转型。这些学者通过案例研究、实证检验等方式，结合政治、经济、政策、市场结构等宏观因素，挖掘企业转型成功的原因，并深入研究某一行业或行业内具有代表性的企业的转型升级路径，总结出适用于相似企业的转型机制，但大多关注企业某一方面的转型。而关于企业转型升级的实证研究、理论论述等方法使用较少，其中主要研究关注于企业升级动因。

通过对企业转型升级的相关文献梳理可知，转型升级主要包括转行、转轨、升级三种类型。根据比较优势理论，产业转型升级会从低层次向高层次，劳动密集型向资本、技术密集型转变，因此，产业转型是转型升级最核心的部分。但是企业基于自身情况和行业特性出发，限制较多，往往倾向于转轨与创新，在转型过程中遇到的问题也容易导致转型失败，故企业对代价较小的转型方式更加青睐。

随着信息技术、人工智能的发展，互联网、人工智能等与制造业融合，制造业正向着制造服务化、智能化、数字化方向发展，企业转型升级是大势所趋，与此同时，由于缺乏经验和先例，导致企业转型踌躇不前，而数字化投入大、员工素质不高、知识产权保护体系不完善等问题也阻碍数字化转型。因此，本文通过对浙江制造业典型企业进行调研，了解企业转型升级的现状与难点，结合行业环境、政府政策等影响因素，挖掘转型升级内在机理，探索出制造业数字化转型升级新路径。

（三）数字化转型相关研究

随着信息技术的发展，推动制造业向数字化发展的趋势不可逆。数字化转型通常包括数字产业化和产业数字化两部分。在数字经济中，新兴技术是亮点，数字化变革是重点，实体企业是主战场（李君等，2019）。其与传统产业的不断深度融合，推动着产业与全社会的数字化进程。此外，数字化政策也从关注技术研发与应用到产业数字化再到变革与创新并行。企业数字化转型主要包括初步建设、单项覆盖、集成提升与创新突破四个阶段（王海军和冯乾，2015）。

关于数字化转型升级路径的研究较少，且主要关注出版等媒体行业或是从制度等视角出发提出建议。中小企业在人才、资金、技术及管理等方面都与大企业有较大差距，导致数字化转型紧迫感不足、经验不够。本文通过对浙江制造企业进行调研，了解数字化转型现状与问题，为制造业数字化转型提供指导与建议，同时丰富关于数字化转型升级的相关研究。

四、研究设计部分

（一）调研对象选择

调研样本的选择应当具有典型性和代表性，选择的调研区域也应当在数字化转型方面取得较大突破，这样可以保障调研结果的时效性。在这样的标准下，课题组将调研的区域聚焦在浙江，调研对象则是正在转型或已经转型成功的制造业企业。原因主要包括：首先，在浙江经济快速发展的关键历史阶段上，制造业始终是拉动经济增长的主要动力；其次，制造业的发展是浙江经济发展的重要支点，它奠定了浙江工业的基础，为浙江经济飞速发展做出了突出贡献；最后，从现在到未来相当长的一段时间里，制造业仍然是浙江经济发展的支柱。然而由于人口、土地等资源环境的约束，制造业的发展受到巨大限制，数字化转型将是未来制造业企业不得不面对的问题，企业、政府都应不遗余力地去探索适合浙江发展的数字化转型之路。

在此次浙商调研活动中，课题组一共调研了 30 家浙商制造业企业，以深入分析总结制造业企业数字化转型的进程和困难。考虑到制造业拥有种类繁多的行业（如食品制造加工业、纺织服装业、金属制品业、汽车制造业等）和各种不同的生产方式（离散制造和流程制造），各行各业在各自的数字化转型过程中均有自己行业的特点和阻碍，以及实际调研的 30 家企业，我们采用多案例的研究设计。在遵循案例研究中要求的案例企业必须具备典型性、复制性和数据可得性的基本要求外，案例企业的选择还需要遵循以下标准：①必须是开始数字化转型或是已经完成数字化转型的浙商制造业企业；②必须选择较有代表性的浙商制造业的不同行业企业；③必须选择处于不同转型阶段、不同转型方向等不同发展阶段的企业。

根据调研所获资料，我们将企业数字化转型划分为三个阶段，分别为数字化转型初期、数字化转型中期和数字化转型基本完成（见图 2）。数字化转型初期的制造业企业，具有一定的自动化设备，但硬件的数字化程度不高，生产数据采集较为困难，需要投入大量的资金进行设备改造，购入新的数控设备。在软件方面，数字化转型初期的制造企业虽然已有一些信息软件（ERP、OA、钉钉等），但是各个软件的数据还无法全部打通。数字化转型中期的制造业企业，已有一定的数控硬件和设备，可以采集生产中的数据，实现数据的实时可视化，打通各个不同信息软件中的数据，实现供应链的协同，进而实现产销一体化。数字化转型基本完成的企业，可以对各个流程中采集的数据进行分析，做出生产的优化和调整，为客户群体规模定制产品，提供智能化的服务，此阶段的企业已经在向智能化升级迈进。基于中国制造业还处于“大而不强”的实际情况（陈宏和杨柳婧，2008；穆朗峰，2019；王佳茹，2016；赵奚，2018），制造型企业转型升级迫切，有必要将研究重点放在正在进行数字化转型的企业，同时兼顾刚开始转型的企业和已经完成转型的企业。

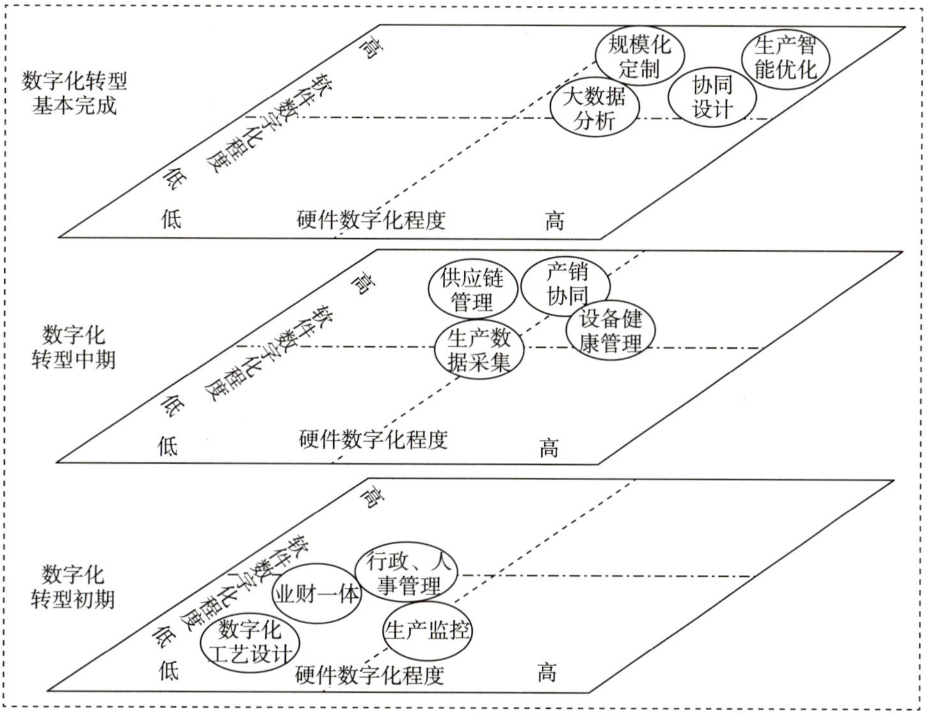

图 2　数字化转型阶段划分

基于以上案例选择的要求、标准和研究问题，我们选择 A、B、C、D、E、F、G 7 家企业（应案例企业保密性的要求，特做匿名处理）。其中 A 企业是集成制造商，已经完成数字化转型，正在向智能化方向迈进；B 企业是户外产品制造商，处于数字化转型中期；C 企业是有色金属制造商，处于数字化转型中期；D 企业是零件制造商，处于数字化转型中期；E 企业是服装制造商，处于数字化转型中期；F 企业是电梯制造商，基本完成数字化转型；G 企业是零件制造商。刚开始进行数字化转型期。

（二）研究方法

课题组针对浙江数字化转型状况进行调查研究，团队通过查阅相关资料对杭州市、宁波市、绍兴市制造业数字化转型情况有初步了解后，通过老师介绍、官网联系等筛选出最具代表性的制造业企业作为主要调查对象进行深度访谈调查，并辅以调研其他企业作为对照比较。为了保证调研数据的真实性和科学性，团队采取访谈调研法等进行调研，辅以拍照、录音、录像等形式记录实况。

1. 访谈调研法

访谈法（Interview）也就是研究性交谈，通过电话或者面对面等方式，根据询问者的访谈提纲以及被询问者的答复收集客观的事实材料，来说明样本所要代表的总体的一种方式。制造业涉及的范围非常广，本次调研的制造业横跨众多行业，课题组通过网络搜索、商会搭桥联系到各个制造业企业，在每个企业和不同部门负责人中召开座谈会。了解企业数字化转型的情况，针对不同企业制定了符合企业的访问提纲，倾听企业各个部门负责人对企业进行数字化转型的想法，获得一手材料。

2. 案例研究方法

课题组结合浙江制造业数字化转型的现状，基于创新生态系统理论和吸收能力理论，把浙江数字化转型不同阶段的典型企业案例作为研究素材，通过调研获得的一手和二手资料进行编码分析，得出浙江制造业企业数字化转型升级的路径和机理，同时也回答了此次研究的关键问题。

（三）案例描述

A 企业创立于 1989 年，是一家国家级的高新技术企业，专注于各类摩托车、全地形车以及配套产品的研发设计、制造销售和售后服务。经过 30 多年的发展，现有员工 1800 余人，成为国内同行业中的龙头企业，于 2017 年 8 月在上海证券交易所成功挂牌上市。其产品远销世界各地近百个国家和地区，产品的出口量和出口金额均处于行业第一。公司注重企业的数字化转型和智能制造，拥有多个数字化车间，搭建多个设计制造平台，同时还建立了智能制造的指挥中心，成功实现企业内部各个单元的高效协同和快速响应。2017 年，A 企业被浙江省企业信息化促进会和中国产业互联网（浙江）研究院评为“2017 十大智能工厂——特种车辆规模定制智能工厂”。

B 企业创始于 1991 年，是一家致力于设计、生产、销售户外用品的大型企业集团，近 30 年来逐步成为中国最具规模的户外休闲用品提供商。公司现有 10 个工厂，3000 余名生产作业人员产销全部实现 ERP 管理。近年来，企业积极融入“互联网 +”和“工业 4.0”的浪潮，加快转型升级步伐，把握当前经济困难情况下的机遇，注重国内外高素质人才的引进和培养。企业先后获得了“中国民营企业制造业 500 强”、“浙江省工业行业龙头骨干企业”、“浙江省级重点企业研究院”、“浙江省三名工程培育试点企业”、“浙江出口名牌”等荣誉。

C 企业创建于 2001 年，是一家致力于铜产品的研发设计、生产销售和售后服务的企业。经过近 20 年的发展，已成为国际知名的铜加工企业之一，在全球各地有 15 个大生产基地，员工 7100 余人，与 124 个国家或地区的 8000 多家客户建立了长期业务关系，是全球规模最大的铜管棒加工企业，铜管产品已经处于精密铜管行业出口的龙头地位。公司于 2008 年在深圳证券交易所挂牌上市。努力推进数字化转型，在生产线上关键工艺的机器换人方面已初见成效。2018 年，公司投资 61 亿元建设“海亮有色智造工业园”，该项目采用自主专利研发技术，具有自动化、智能化、环保、低能耗等优势特点，将传统制造升级为智能制造。

D企业成立于1980年，是一家主要经营齿轮制造的企业，经过30多年的发展，已成为我国规模最大、实力最强的散件齿轮生产企业之一。2010年在深圳证券交易所成功挂牌上市。现有四大厂区，员工2500余人。公司在硬件设备上不断投入与升级，拥有全自动齿轮加工生产线，生产数控化覆盖率达到95%以上，并配有国际领先的检验、测量和试验设备；在软件能力上持续改进与提升，坚持推进精益化生产与精细化管理，深入推动企业数字化转型。公司于2007年正式上线ERP，并全面推动ERP、PDM、OA管理，实现各类主要档案的无纸化以及无纸化管理，使企业信息化管理达到了较高的水平。

E企业建立于2001年，是一家多元发展女性时装设计生产、销售与服务的公司。经过近20年的发展，已实现一、二线城市的百货商场、购物商场、街道店铺以及电子商务的全面覆盖。公司从2012年开始深入推动IT建设，推行大商品和大商企模式。打通各方数据，实现数据的快速反馈及产业链整体的协同，进而实现产销一体化。具体包括销售数据的转化推进、供应商信息共享以及卫星工厂的管理。企业正推动智能制造的实施，实现生产过程数据的实时在线、无人无灯工厂以及智能仓储。

F企业成立于2004年，是一家专注于电梯整机研发设计、生产销售、安装及售后维保的制造商，多项产品领衔行业。成立十余年来，先后获得“浙江省级两化融合示范企业”、“杭州市首批工厂物联网示范样板”、“浙江省十大智能工厂”、“浙江省电梯智能制造实验室”等和数字化、智能制造有关的荣誉称号。公司拥有十一大销售区域，8家分公司，产品出口50余个地区和国家，在全球范围内拥有良好的品牌知名度。2016年，企业提出“三大极致，四大智能”的战略构想，三大极致包括产品极致、服务极致及品质极致，四大智能包括研发智能、服务智能、制造智能及管理智能。

G企业始建于1996年，是一家专注于研发设计和生产轴承的国家级重点高新技术企业，有员工700余人，资产4亿余元。公司拥有多条自动生产线，以及其他各种先进的生产加工设备600多台。为了推动企业的数字化转型，企业装有世界一流的检测和采集设备，通过SPC自动监控实现对生产流程全过程的实时监控。公司重视企业的数字化转型，购买先进的数控硬件设备和改造老旧设备，并在企业内部部署各类信息系统（钉钉、PLM、MES、SPC等）。

（四）数据分析

本文的数据主要包括直接和企业管理者访谈获得的一手数据，以及从多种渠道（公开报道、官方网站、企业内部报纸、企业宣传手册、企业所展示的PPT等）获得的二手数据。为了保证案例结论的有效性，遵从Dubé和Paré（2003）总结提出的案例研究标准。

案例研究的数据分析是一个从收集到的定性数据中提炼出与研究问题相关的主题的过程，在这一过程中要对与研究主题相关的有用数据进行编码，这些有用的定性数据是以一段文字的形式分布在所收集的案例数据中。一段表达一定意思的文字就是一条条目，把这些条目按所表达的意思进行分类就是编码。本文采用 Braun 和 Clarke（2006）所采用的主题编码分析法（Thematic Analysis）对不同来源的数据进行编码。课题组成员分别通读所有的案例资料，根据主题编码分析法的规则进行渐进式编码。对所收集的所有案例数据分别进行编码，将具有一定意义的句子分类到相应的类别中去，在完成编码后，交叉检查编码的结果，并对有异议的条目讨论并最终得到一致的结论。

五、研究发现

（一）数字化转型的层次

制造业的数字化转型不是一蹴而就的，而是涉及企业经营的方方面面，企业的管理者在提出要进行企业的数字化转型前，首先需要明白数字化转型的方向。由于每一家制造业企业原有的基础不同、拥有的资源不同、信息化的程度不同以及迫切需要改进的方向不同，因此在进行数字化转型之前，需要对数字化的各个阶段各个方向有深刻的认识。根据这一现实需要，课题组对案例企业所收集到的数据资料进行分析编码，结合询问政府部门的人员和企业的高层人员，提出制造业企业数字化转型的层次模型。通过对收集到的资料进行细致的编码，提取了制造业企业数字化升级的 12 个要素（见表 1）。

表 1　编码示例

层次	维度	条目数（条）
设备	设备改造	33
	设备购入	24
车间	数据传输	32
	生产计划管理	34
	工艺改进	26
	流程改进	31
企业管理	行政办公	19
	业务在线	26
	决策支持	39
	业务调整	33
供应链协同	云平台	19
	产供销协同	36

1. 设备数字化

制造业企业在数字化转型升级过程中第一个遇到的问题就是设备的数字化，设备数字化包括对旧设备的改造和购入新设备。当前，我国制造业企业普遍面临的问题是设备的老旧，一台设备的价值很大尤其是对于一条生产线而言，动辄需要百万元甚至千万元。对于这样的现实情况，更多的企业选择逐步对老旧的设备进行改造。而一些有资金的企业尤其是行业中的龙头企业，在对老设备进行改造的同时，也会购入先进的国外设备，以满足企业数字化转型对设备的要求。

2. 车间数字化

车间（工厂）的数字化是制造企业数字化转型不可或缺的，当企业在完成旧设备改造或是新设备的购入后，企业所面临的就是如何将各条生产线上的各设备所采集到的数据进行整合，传输给企业的管理者，以及如何将企业从外部获取的信息导入，以便对数据进行分析，改进生产计划、工艺以及流程，从而提高生产效率，获得数字化转型的效益。

3. 企业管理数字化

企业的数字化转型离不开企业日常管理的数字化。企业管理需要结合车间（工厂）上传的数据和企业外部的数据实现决策的支持作用；利用一系列办公软件（如 OA、钉钉等）实现日常的行政人事管理、业务调整，实现业务的线上化。

4. 供应链协同数字化

供应链协同是制造业企业数字化转型的高级阶段。实现供应链的协同最终是为了实现产供销一体化，减少大量库存所带来的库存成本、资金成本以及由此带来的借贷成本。要实现上下游企业之间的合作，实现供应链的协同，需要构建云平台，以便供应链中的企业都可以在平台中分享自己的计划、生产和销售数据。

5. 小结

据此，本小节总结出制造业企业数字化转型的四个阶段以及各个阶段之间的关系，如图 3 所示。其中，设备的数字化是制造业企业数字化转型的第一步，设备的数字化包括老旧设备的改造（包括原供应商改造和第三方机构改造）和新设备的购入（包括单一渠道购入和多渠道购入）。改造后的设备和新购买的设备能够采集生产过程中的各项数据（包括生产数据、能耗数据和设备运行状态的数据）。通过 MES、PLC、ERP 等软件结合各条生产线中的设备所产生的数据和企业的其他数据进行分析，据此改进生产流程和生产工艺，做出最优的生产计划安排。工厂数据实时上传到企业管理者的管理系统中（如 OA、钉钉等）实现“业财一体化”，进而实现在线办公，业务线上化，为管理者的决策提供依据，对各项业务做出调整。整个供应链的企业都在云平台上分享各自企业的计划、生产和销售的数据，以实现整个供应链中的企业的产供销一体化。

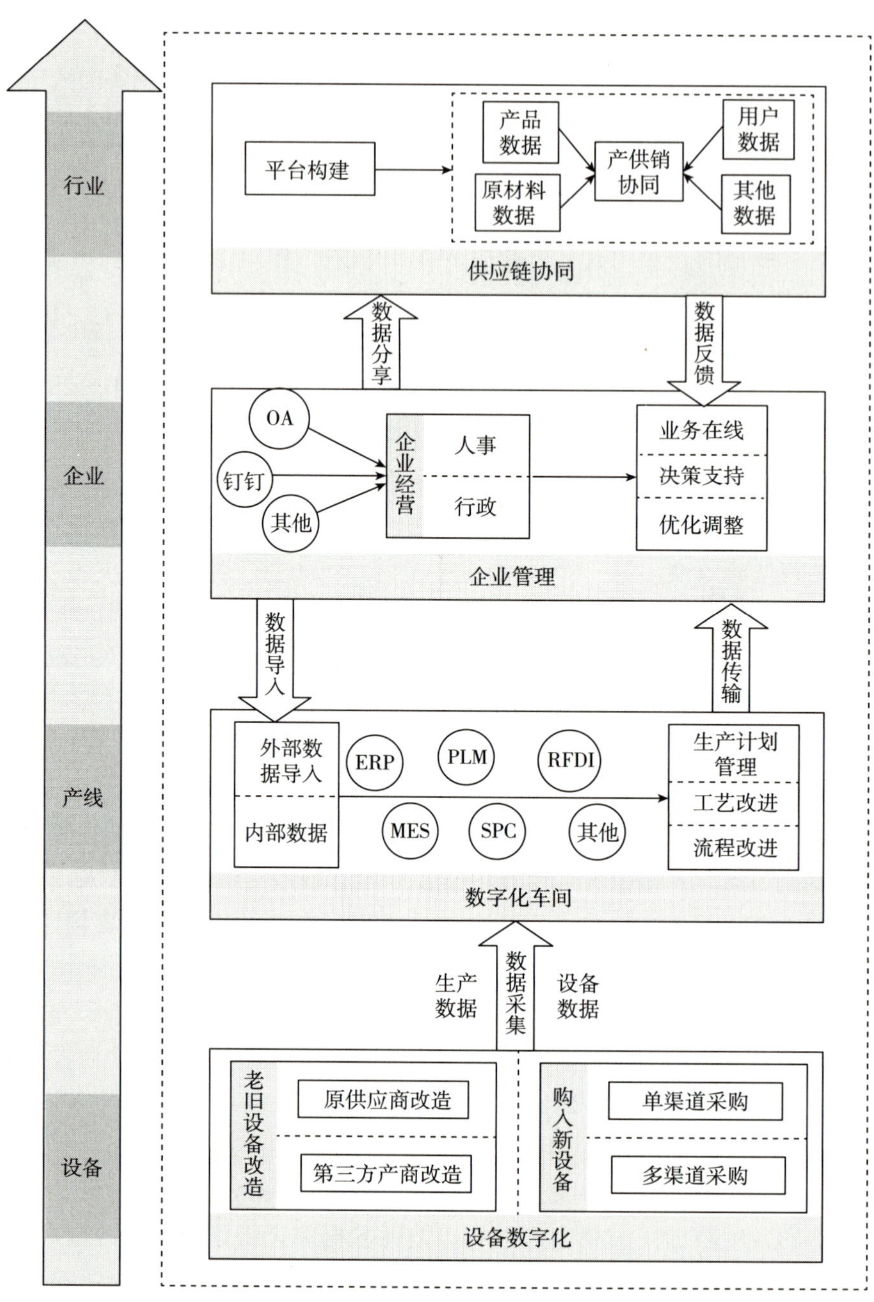

图 3　制造业数字化转型层次

（二）数字化转型生态中的影响因素

在明晰了制造业企业数字化转型的层次和阶段后，将继续深入探索浙江制造业企业数字化转型生态中的影响因素。基于中国制造业的实际情况，我国的制造业企业要完成数字化转型，单靠企业本身的资源是远远不够的，需要依靠各方的力量。基于此，从创新生态系统的视角出发，深度挖掘制造业企业数字化转型中各方的影响力量，并通过对收集到的数据进行细致的编码，从中发现影响企业数字化转型的5大类因素，编码示例如表2所示。

表2　编码结果及典型条目

类别	条目数（条）	典型条目
高校合作	54	“我们先后与重庆大学、浙江工业大学、北京工业大学合作建立了国家重点齿轮实验室，为生产提供实验数据和理论支持”
政府扶持	42	“即使没有数字化转型，以前做信息化立项，申请补助，力度不大，但工业互联网的补贴很大，我们的项目正在申报中”
供应商合作	71	“有提供指导、帮助。一般给我们服务的供应商基本上是某个领域的领先企业，它能给我们大量的指导性意见和帮助”
行业合作	59	“我们在学习钢铁行业同类企业，它们的信息化做得较好，像宁波钢铁、宝钢、武钢等”
吸收能力	24	“实际上我们认为人才是整个数字化转型的关键，因为硬件系统再友好，人的能力跟不上也是不行的”

1. 高校合作

在制造业企业的数字化转型过程中，与高校的合作是非常重要的一部分。企业与高校的合作主要有：一是在完成企业生产设备的升级后，需要改进相应的生产工艺甚至要改变整个生产流程，进而实现产品工艺的创新或是产品质量的提升。这些生产流程、工艺的创新需要和一些高校合作。二是在数字化转型的过程中，企业会采集到大量的数据，这些数据如何运用分析，也需要和高校合作。三是企业会和当地的高校合作开发企业内部用的信息系统。四是当企业进行数字化转型后，管理层需要与时俱进地提升管理水平，这时，企业也会请高校给企业的管理层授课。

2. 政府扶持

制造业企业的数字化转型离不开政府的大力支持，政府对制造业企业数字化转型的大力扶持也是企业进行数字化转型的动力之一。政府对企业的扶持主要包括两大类：一是对企业购买布置软件的政策补贴；二是对设备升级的补贴。但是由于制造企业的一条生产线的硬件设备改造或是购买新设备所需的金额巨大，各地政府对硬件的补贴不同，且补贴没有软件项目多。

3. 供应商合作

制造业企业的数字化转型的重要一环就是与供应商合作。企业在数字化转型中与供应商主要有两类合作：一是在硬件设备方面，包括老设备的改造和购入新设备；二是在软件方面，包括购入新的软件和与供应商合作开发软件。企业会根据自身所拥有的资源进行选择，大中型制造业企业往往会自己开发或是与供应商合作开发适合自身企业实际情况的系统软件。

4. 行业合作

企业在数字化转型时往往会选择自己行业中的龙头企业或标杆企业进行对标，以此作为自己数字化转型的方向。而对于行业中已经处于龙头地位的企业会选择和类似行业中的龙头企业或是国际上领先企业进行对标。企业与行业中的其他企业进行合作主要是去其他企业参观学习。学习的重点主要有：一是生产流程的改进，企业数字化转型之后面临的就是传统的生产流程改进的问题；二是生产的标准化，企业的数字化转型后需要统一标准；三是学习其他企业在数字化转型中的经验。

5. 吸收能力

吸收能力是企业吸收外部知识的能力。企业的吸收能力在制造业企业数字化转型升级的每个阶段都起到了重要的推动作用，吸收能力在企业数字化转型中体现在两个方面：一是企业在购入新设备和新软件的情况下，需要企业内部人员掌握这些新设备、新软件的使用知识；二是在企业改造旧设备时，需要内部人员与第三方供应商合作，这个过程中也需要吸收第三方的知识。

6. 小结

本文从创新生态系统的理论视角出发，将企业在数字化转型中涉及的各方关系进行了分析，得到了企业与创新生态系统中各个主体之间的关系，如图 4 所示。制造业企业在数字化转型中的重点就在于生产端的转型升级，中小型制造业企业面临的普遍痛点也是生产设备的老旧问题。因此硬件设备的升级往往需要企业投入大量的资金，这对浙江的制造业企业来说是不小的挑战。通过创新生态系统的视角，考察系统中的其他参与者与企业之间的关系发现，政府对企业数字化转型升级有扶持政策，制造业企业可以向企业申报项目而获取一定的资金支持，在一定程度上缓解了企业设备更新换代面临的资金难的问题。数字化转型不仅涉及硬件的更新换代，也涉及软件的应用，硬件结合软件推动企业数字化转型。中小型制造业企业通常会选择向软件供应商直接购买软件系统；而大型企业由于产品、业务的多元化，企业有其自身独特的特点，除向软件供应商购买外，也会和第三方（高校、研究院等）合作开发适合自身业务的系统，甚至企业内部自身开发系统再集成到供应商的软件中以满足企业的业务流程需要。企业与高校的合作是常见的，产学研相结合的模式得到了充分的体现。企业和高校的合作可以促进生产工艺和流程的改进，一方面可以倒逼企业进行相应生产设备的升级，另一方面满足了设备升级带来的工艺改变所需的工艺技术和人才。企业数字化转型中采集到的大量数据（用户数据、生产数据、设备数据、水电能耗等）需要专业人员帮助企业进行数据分析，构建数据分析模型。只有当制造业企业真正利用这些数据，企业的数字化转型才能达到更高的层次。企业还可以请高校中的专业教授为企业的管理人员授课，提升企业管理团队在数字化转型中以及转型后的管理水平。企业中的管理者也需要与时俱进，深入了解企业数字化转型的重要性，从上到下的方式推动企业数字化转型的进程，提升在数字时代的管理决策的能力，以及解决在企业数字化转型中可能面临的一系列问题。企业在数字化转型中往往会选择和行业中类似的企业进行对标，以此获得相应的信息。不少企业都加入了行业协会，协会之间的企业会相互参观各自的工厂，交流数字化的经验。行业中企业的相互学习主要涉及三个方面：一是生产流程的先进性；二是作业的标准化程度；三是数字化的经验。在企业与生态环境中的各方合作时，企业自身的吸收能力极为重要。拥有强大吸收能力的企业，能快速地获得外部知识，加速企业数字化转型的进程。总之，聚合企业生态环境中的各方力量，增强企业自身的吸收能力，是制造业企业数字化转型的重要方式。

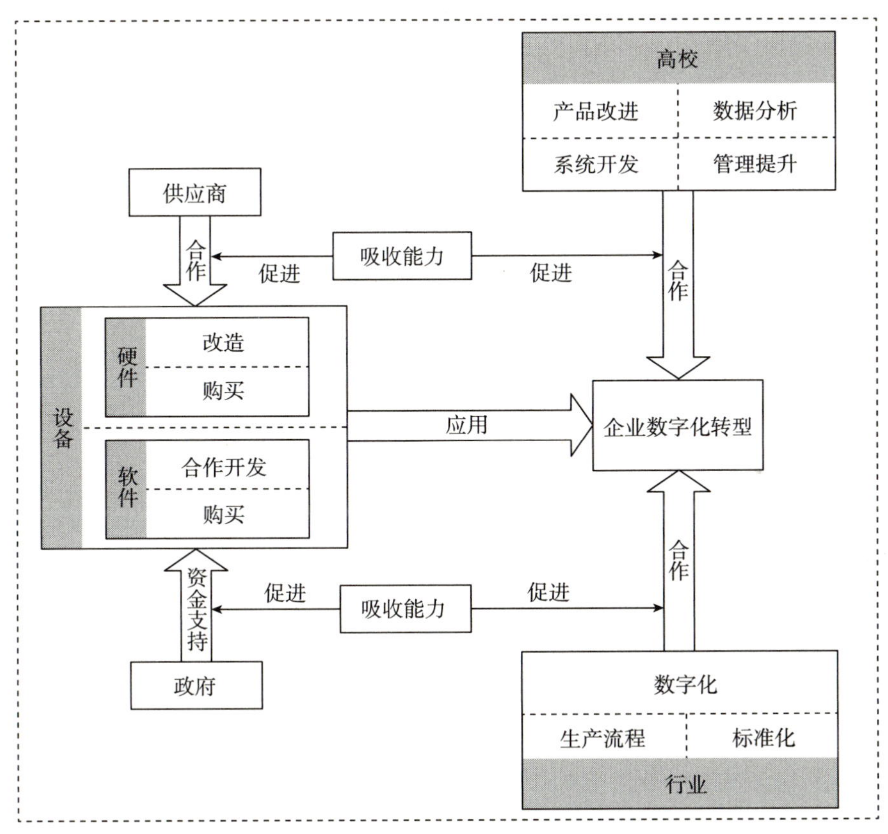

图 4　制造业企业数字化转型创新生态系统

六、浙江制造业数字化转型升级的实现路径

结合此次调研的实际情况、理论基础及浙江制造业企业的管理者对数字化转型的认知，浙江的制造业企业要完成数字化的转型升级，单靠企业自身的力量是远远

不够的，需要借助企业生态环境中各方（高校、政府、供应商、行业中的企业）的力量，共同完成制造企业的转型升级。基于这样的认识，下面从数字化转型的四个层次出发，提出基于企业、政府、高校、供应商、行业五方面协同推进浙江制造业企业转型升级的实现路径，如图5所示，从上到下一步步具体化。

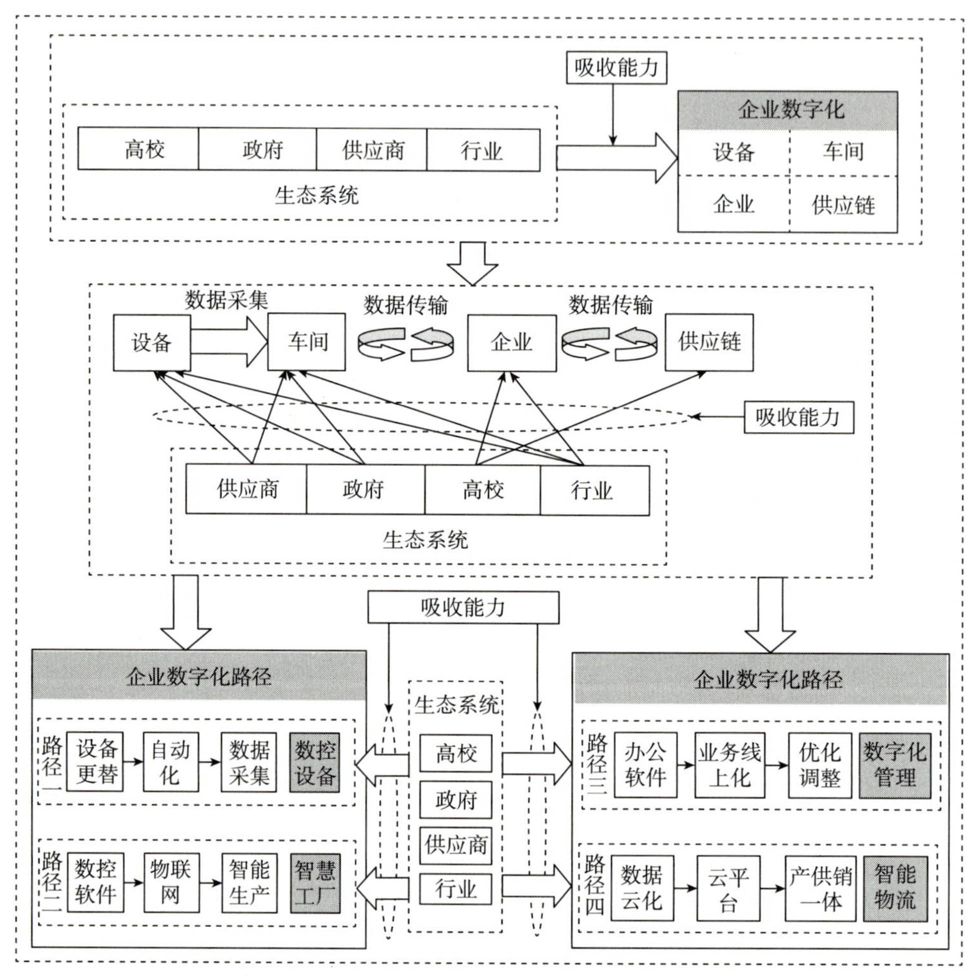

图5　制造业企业数字化转型实现路径

路径一：数控设备驱动

数控设备是制造业企业数字化转型的基础。数控设备同时实现了生产设备的自动化和各项数据的采集，从而实现了数据的可视化。这些可视化的数据是制造业企业数字化转型的基础。数控设备驱动企业数字化转型主要是通过设备的改造和替换，实现设备的升级，满足数字化转型升级的自动化要求；在生产设备自动化的同时，能够自动或是半自动（人工介入）地采集管理者所需的数据。由于数控设备是数字化转型不可或缺的一步，也是最基础的一步，刚开始数字化转型的企业可以选择这一路径。

路径二：智慧工厂驱动

智慧工厂是数字化转型的重要阶段，也是制造业企业更高一步的“智能化”转型的基础阶段。因此，打造智慧工厂既可以满足企业数字化转型的要求，也可为将来的发展打下坚实的基础。智慧工厂需要有数据的处理分析能力，而这需要与自动化的数控设备连接到一起，因为一个工厂或一个车间往往包含多条生产线，这些生产线上的设备都需要通过网络连接起来。这就涉及物联网的概念。工厂中的物联网指的是工厂中各项生产设备的互联，以及与相应的生产系统互联，这样，一个工厂的数据可以上传到系统软件中，进行集中统一的分析。利用和分析这些数据以及结合其他数据（如用户数据）可以达到智能生产的目的，实现大规模定制化生产。当然真正实现这一目标的企业很少，在行业中也只有龙头企业才部分实现。总之，智慧工厂作为智能化升级的基础，能驱动企业的数字化转型。

路径三：数字化管理驱动

企业数字化转型过程中所涉及的远不只生产端。相应地，企业的管理端也需要进行数字化升级。数字化管理驱动针对的是企业的日常管理，其中也可细分为两个方面，一是业财的一体化，也就是比较传统的人事和行政管理，推动日常办公的线上化，提高企业内部的沟通效率和办公效率。常见的是应用 OA、钉钉等系统来提升日常办公和沟通效率。二是围绕业务，涉及分析企业各个层面所收集到的数据，从而对业务进行优化调整，实现 BI（商务智能）对决策的支持。这一步实现较为困难，因为数据的分析并不简单，需要有专业的团队或是与第三方合作。数字化驱动的路径主要分为部署办公系统、业务线上化、数据分析三个阶段。

路径四：智能物流驱动

物流的协同、产供销的协同是本次企业调研中制造业企业的普遍目标和愿景。物流的协同需要整个产业上下游企业的共同协同，多企业之间的协同是数字化转型的高级阶段。智能物流是智能制造的重要组成部分，由数字化迈向智能化的重要一步。智能物流驱动主要分为两个阶段：一是数据的云化；二是构建云平台。数据的云化指企业需要上传相关的生产销售数据。云平台的搭建需要花费大量的资源，而建成后的维护花销更甚，因此企业在联系上下游企业后，会共同购买第三方的平台使用，各企业会将生产数据上传到这个平台以实现产供销的一体化。总之，智能物流作为智能化转型的重要一环，在实现企业的数字化效益方面有着重要的推动作用。

七、数字化转型相关建议

（一）政府助力制造业数字化转型

1. 结合产学研出台更贴合产业升级转型政策

政府的政策存在着过于宏观、系统性不强等问题，与产业转型升级并不契合，这导致了企业对于数字化转型认知的模糊性。政府在产学研创新平台搭建中发挥着重要作用，政府应充分利用这一角色，深入了解企业的技术需求。高校、科研机构等作为企业的技术供给方，能够在理论、实践等不同层面发现企业存在的多种问题，政府应参考采纳来自高校、科研机构的研究成果以及专业性意见，通过全面了解制造业企业数字化转型阶段现状及需求，集思广益并加以严谨的论证，提出更“接地气”的系统性政策。

2. 针对不同阶段提出具体的指导性方案

企业的数字化转型升级会经历多个阶段，虽然制造业企业拥有不同背景，但在每个阶段都会遇到具有共性的问题。企业之间在数字化转型上的交流几乎没有，信息的阻塞导致每个企业都在独自“摸着石头过河”，试错成本大大增加。这种现象往往会降低整个产业的数字化转型效率，甚至使转型停滞不前。这就需要政府听取不同企业的声音，总结不同企业的转型经验，从中归纳出企业在不同转型过程中遇到的共同问题，有针对性地提出指导性方案，让企业少走弯路，帮助企业高效地完成转型。

3. 在企业与金融机构之间发挥“桥梁作用”

资金问题一直是企业数字化转型升级面临的风险。数字化转型升级所带来的经济效益具有滞后性，导致企业在前期投入时往往遇到资金不足的问题或者资金链断裂的风险。政府应承担起企业与金融机构之间桥梁的角色，促进企业与金融机构之间的密切合作。政府应鼓励金融机构提出更贴合转型升级企业的金融产品方案，从而使企业在数字化转型过程中既能提高融资效率又能减少融资成本。例如，开发针对购买数控设备，智能系统的分期融资产品等。政府还可以通过政策性担保公司，为企业数字化转型相关融资提供担保征信服务，提倡各地区为购买有关数字化转型金融产品的企业提供相关补助，如贴息等。

4. 数字化相关政策亟待进一步完善

首先，制造业的很多方面都面临着工业数据的使用，如设备、产品、运营、用户等，有关数据安全法律法规的制定和执行需要进一步推进。其次，数据的开放程度与共享水平尚需提高。尤其是在数字化转型的过程中，为建立物联网等，各部门对于数据有很大的需求，公共部门需要在数据整合中发挥重要作用，同时在社会数据方面，对哪些数据可以采集并独享等需要详细规定。最重要的是，基础核心技术能力不足、信息基础设施和制造业数字化转型的基础相对薄弱，政府应当在鼓励企业进行基础项目研发过程中扮演积极角色，出台相关激励政策，为企业数字化转型助力。

（二）行业互联网平台赋能制造业数字化转型

由于制造业拥有种类繁多的行业和各种不同的生产方式，各行各业在各自的数字化转型过程中均有自己行业的特点和阻碍，因此各行业应该建立本行业的互联网平台，行业中的数字化转型的龙头企业应发挥引领作用，由于行业的互联网平台具有正向网络效应，在龙头企业发挥引领作用后，让其他中小企业获得数字化转型的相关信息，随着行业企业的加入，龙头企业也可以在平台上获得更大的收益。

1. 行业平台共享数字化转型基础方案

虽然每家制造业企业都有自身的特点，但行业的互联网平台上成功的数字化转型企业可以为本行业的其他类似制造业企业数字化提供具有普适性的基础方案。一方面其他数字化转型企业只要在这个基础方案上稍加修改即可，这大大减轻了一些中小制造业企业对数字化转型的迷茫；另一方面对数字化转型服务商可以行业聚焦，根据这些方案提供本行业的通用产品，降低自身成本的同时也降低制造业企业数字化转型的成本。

2. 行业平台促进运维共享

制造业企业在数字化转型中会涉及设备的运维问题。企业在引入设备后仍然会遇到信息孤岛、设备规划不合理、订单生产冲突以及延误等问题。在访谈中，虽然案例企业普遍谈到会去同行业的标杆企业进行参观学习，但显然建立一个行业互联网平台会使分享的质量更高、数量更多。行业互联网平台可以实现企业间的运维共享，包括设备的运行维护、运维人才的管理等，甚至实现企业间的数字化转型的人才共享。

3. 行业平台促进知识沉淀

行业互联网平台将行业中的企业聚集，沉淀有关本行业的数字化转型的知识和心得体会。平台上的企业可以有意识地避免出现相同的错误，这无疑会促进本行业企业的数字化转型的进程；而行业普遍的问题可以集中全行业的知识进行解决；此外，行业普遍需求的反馈也可以使第三方服务商提供更有针对性的产品。

4. 行业平台制定行业数字化转型标准

制造业企业在生产运营中会产生大量的数据，但是每家企业运用的设备种类繁多，使得产生的数据格式差异较大，不统一标准就难以兼容和应用。虽然国家已出台一些标准的文件，但每个行业具体的标准制定还刚刚起步。行业互联网平台将本行业的企业聚集起来，成为行业内共识的协同中心，可以协同制定行业内认可的数字化转型的标准，更好地促进行业企业的数字化转型。

（三）创新生态系统多主体驱动制造企业数字化转型

政府、高校、供应商等不同主体在企业进行转型升级过程中所产生的影响是不同的。数字化转型升级是个复杂的过程，需要多方资源，而对于大多数企业来说，自身所具备的资源并不足以支撑其独立完成转型，需要依靠各方力量进行补充。

1. 积极转化科研成果

首先，制造企业需要发挥高校的学科优势、利用高校的重点实验室以及研究院的学术成果，对工艺流程、生产线进行改进，促进工艺创新。其次，企业数字化转型中采集到的大量数据需要高校中的专业人员帮助构建数据分析模型。这些数据分析是企业数字化转型进一步升级的基础。只有当制造企业真正利用这些数据，企业的数字化转型才能达到更高的层次。此外，与高校、研究院进行长期合作还能够保证自身的人才储备和科研力量。

2. 积极获取政策支持

企业可以借力政策东风，积极获取政府支持。通过项目申报的方式获得来自政府的丰富资源，如资金补贴，这是企业进行数字化转型升级的重要基础。有省级、国家级的项目支持，使企业获得一定的知名度，增加企业的竞争力。此外，政府可以为不同主体之间的合作联系起到牵线搭桥的作用。利用政府的政策帮扶来寻找适合自身数字化转型的软硬件供应商，在一定程度上解决数字化服务集成商与制造企业的信息不对称问题。

3. 协同信息沟通，学习成功经验

首先，制造企业与行业上下游企业进行信息互通，可以明确自身数字化转型的定位，互惠互利，从而有助于整条供应链数字化效率的提升，共同实现核心价值。其次，在制造业企业数字化转型过程中往往需要和硬件、软件供应商进行二次开发，使数字化设备更好地为企业服务。制造企业可以加入行业协会和行业互联网平台，获取数字化的最新资讯，了解前沿的数字化技术。最后，制造企业可以参观行业中数字化转型成功的企业，取长补短，这有助于企业改进生产流程，使生产标准化，促进自身转型升级进程。

参考文献

［1］ Cohen W M，Levinthal D A. Absorptive Capacity：A New Perspective on Learning and Innovation ［J］. Administrative Science Quarterly，1990，35 （1）：128 – 152.

［2］ Dubé L，Paré G. Rigor in Information Systems Positivist Case Research：Current Practices，Trends，and Recommendations ［J］. MIS Quarterly，2003，27 （4）：597 – 636.

［3］ Gereffi G. International Trade and Industrial Upgrading in the Apparel Commodity Chain Journal of International Economics，1999，48 （1）：37 – 70.

［4］ Hu A G. Ownership，Government R&D，Private R&D，and Productivity in Chinese Industry ［J］. Journal of Comparative Economics，2001，29 （1）：157.

［5］ Huang M，Bhattacherjee A，Wong C – S. Gatekeepers' Innovative Use of It：An Absorptive Capacity Model at the Unit Level ［J］. Information & Management，2018，55 （2）：235 – 244.

［6］ Humphrey J，Schmitz H. How does Insertion in Global Value Chains Affect Upgrading in Industrial Clusters? ［J］. Regional Studies，2002，36 （9）：1017 – 1027.

[7] Kapoor, Lee Joon Mahn. Coordinating and Competing in Ecosystems: How Organizational Forms Shape New Technology Investments [J]. Strategic Management Journal, 2013, 34 (3): 274-296.

[8] Moore J F. Predators and Prey: A New Ecology of Competition [J]. Harvard Business Review, 1993, 71 (3): 75-86.

[9] Schumpeter J A, Swedberg R. Capitalism, Socialism and Democracy [M]. Routledge, 1994.

[10] Winter S G. The Satisficing Principle in Capability Learning, Strategic Management Journal, 2000, 21 (10-11): 981-996.

[11] Yi Y, He X, Ndofor H, et al. Dynamic Capabilities and the Speed of Strategic Change: Evidence from China [J]. IEEE Transactions on Engineering Management, 2015, 62 (1): 18-28.

[12] Yin R K. Case Study Research: Design and Methods [M]. Thousand Oaks: CA: Sage., 2013.

[13] Zahra S A, George G. Absorptive Capacity: A Review, Reconceptualization, and Extension [J]. Academy of Management Review, 2002, 27 (2): 185-203.

[14] 安同良，王文翌，魏巍等．中国制造业企业的技术创新：模式、动力与障碍——基于江苏省制造业企业问卷调查的实证分析 [J]．当代财经，2005 (12): 69-73.

[15] 陈宏，杨柳婧．中国制造业发展的关键在于技术创新 [J]．经济与管理，2008，22 (2): 75-78.

[16] 程虹，刘三江，罗连发．中国企业转型升级的基本状况与路径选择——基于570家企业4794名员工入企调查数据的分析 [J]．管理世界，2016 (2): 57-70.

[17] 何帆，刘红霞．数字经济视角下实体企业数字化变革的业绩提升效应评估 [J]．改革，2019 (4): 137-148.

[18] 胡海波，卢海涛．企业商业创新生态系统演化中价值共创研究——数字化赋能视角 [J]．经济管理，2018，40 (8): 55-71.

[19] 孔伟杰．制造业企业转型升级影响因素研究——基于浙江省制造业企业大样本问卷调查的实证研究 [J]．管理世界，2012 (9): 120-131.

[20] 李君，邱君降，成雨．工业企业数字化转型过程中的业务综合集成现状及发展对策 [J]．中国科技论坛，2019 (7): 113-118.

[21] 刘志彪．全球化背景下中国制造业升级的路径与品牌战略 [J]．财经问题研究，2005 (5): 25-31.

[22] 穆朗峰．从中国先进制造业发展现状看进入壁垒及其突破 [J]．金融经济，2019 (8): 27-30.

[23] 王海军，冯乾．互联网金融的演进轨迹：学术论争与当下实践 [J]．改革，2015 (9)：142－150.

[24] 王佳茹．中国制造业的现状及发展方向研究 [J]．中外企业家，2016 (5)：28－29.

[25] 王一鸣，王君．关于提高企业自主创新能力的几个问题 [J]．中国软科学，2005 (7)：10－14，32.

[26] 吴家曦，李华燊．浙江省中小企业转型升级调查报告 [J]．管理世界，2009 (8)：1－5，9.

[27] 许庆瑞，吴志岩，陈力田．转型经济中企业自主创新能力演化路径及驱动因素分析——海尔集团 1984～2013 年的纵向案例研究 [J]．管理世界，2013 (4)：121－134，188.

[28] 余菲菲，高霞．产业互联网下中国制造企业战略转型路径探究 [J]．科学学研究，2018，36 (10)：1770－1778.

[29] 赵奚．中国制造业发展现状及问题研究 [J]．现代交际，2018 (14)：44－46.

文化建设

作者
方阳春　李帮彬
胡　政　任艳红
周　礼　余　琛
方邵旭辉
李贤祥　王麒麟

包容型人才发展战略推动浙江制造业高质量发展的对策

一、引言

2020年3月13日，中共浙江省委、省政府出台了《关于以新发展理念引领制造业高质量发展的若干意见》，提出了“建设全球先进制造业基地”的目标。人才是先进制造业发展的第一资源，竞争力排名领先的经济体都专注于开发、吸引并利用现有人才。建设全球先进制造业必须构建适应新时代的人才发展战略，破解制造业人才数量逐年递减、素质落后于粤苏鲁、数字化人才短缺、培养平台和模式跟不上时代发展、新冠肺炎疫情使开工延期等问题。

包容是中国传统文化和中华文明的重要理念和特征，包容性增长和包容性创新备受关注，包容是杭州G20峰会的主题之一，是“一带一路”和长三角一体化的关键词，也是2019年美国管理年会的关键词。包容性被视为关键组织战略议程、亟待研究的问题。有关包容型增长、包容型创新、包容型领导研究风生水起，多元化管理研究领域受到广泛的关注。人才竞争力排名靠前的国家都致力于人才多元化并积极建设包容文化。当前，我国已经迈入新时代，数字经济风起云涌，人才更加多元，人才内在需求不断提升，组织边界更加模糊，人才发展战略亟须顺应时代潮流，把包容理念有机融合到人才开发实践

[作者简介] 浙江工业大学全球浙商发展研究院课题组，课题组成员包括方阳春、李帮彬、胡政、任艳红、周礼、余琛、方邵旭辉、李贤祥、王麒麟。

中，系统地构建包容型人才发展战略，最大限度提升人才的机会—能力—动力，有效推进制造业高质量发展和创新驱动发展战略。

本文课题组通过统计数据分析、国内外文献资料查阅和企业调研，根据浙江制造业人才队伍建设面临的问题和挑战，借鉴了美国、新加坡、德国等国家普遍推行的先进的人才发展战略推动制造业高质量发展的经验，提炼了优秀企业家包容型人才管理理念和思想，提出了包容型人才发展战略驱动浙江制造业高质量发展的对策建议。

二、浙江制造业人才队伍建设面临的问题和挑战

（一）制造业人才数量逐年下降，人才素质有待提升

1. 制造业就业人数呈现逐年下降的态势

制造业就业人数是浙江吸引就业的主要来源。2017 年，制造业就业人员总数 1339.24 万人，占总就业人员数（3796 万人）的 35.28%，占第二产业就业人员数（1754.59 万人）的 76.33%。但制造业就业人数逐年下降，2017 年制造业就业人数（1339.24 万人）比 2013 年制造业就业人数（1454.81 万人）下降了 7.95%。根据调研，发现制造业就业人数逐年下降有两个原因：第一，随着人工智能和工业数字化时代的到来，部分制造业企业更倾向以技术红利替代渐行渐远的人口红利。同时，技术进步推动制造业内部服务性环节更加细分甚至分离出本部门。制作和装配是制造业的核心流程之一，但并非其产业价值链的全部，得益于信息技术的发展，制造业中的研发、设计、物流、营销等活动，能以较低成本被转移至独立的生产性服务业企业。第二，随着城市生活成本的提高，越来越多务工人员和基础性低端人才从城市和沿海发达地区向老家回流，同时随着用工成本的提升，越来越多的企业把劳动密集型工作向低劳动成本区域转移。

2. 制造业高层次人才比例落后于粤苏鲁

根据统计年鉴，浙江制造业 2017 年非私营单位职工素质情况为：本科及以上人员 34.14 万人（占 10.89%），专科 42.52 万人（占 13.57%），中专及高中 91.74 万人（占 29.27%），初中及以下 146.62 万人（占 46.78%），单位专业技术人员 41.85 万人（占 13.36%），技术工人 145.03 万人（占 46.28%）。制造业是浙江经济的重要组成部分，但是，2017 年非私营制造业单位专业技术人员 41.85 万人，占年末非私营单位专业技术人员（248.11 万人）的 16.87%，可见浙江制造业本科以上人员和专业技术人员的比例都较低。

浙江境内上市的制造企业本科以上学历比例低于粤苏鲁。根据浙粤苏鲁境内制造业上市公司数据，从员工学历来看（见表 1），高学历水平人才依旧欠缺，高中及以下学历水平的员工依然占据绝大多数，总体教育水平还有待提升。浙江制造业

境内上市公司员工中研究生占比为 2. 24%，低于江苏的 2. 49% 和广东的 2. 70%；本科生占比仅为 13. 79%，远低于江苏的 18. 11% 和山东的 18. 54%，位列四省中的最后一名；专科生占比为 14. 32%，也远低于江苏的 18. 08% 和山东的 20. 49%。为实现制造强省目标，浙江制造业人才的学历水平有待提高。

表 1　浙粤苏鲁四省制造业境内上市公司人员结构　　单位：%

人员类型	浙江	广东	江苏	山东
生产人员	59. 87	61. 50	57. 74	60. 07
销售人员	10. 54	9. 21	10. 46	12. 05
财务人员	1. 60	1. 40	1. 74	1. 63
技术人员	15. 72	16. 08	17. 23	16. 84
行政人员	9. 07	7. 70	8. 94	8. 04
研究生	2. 24	2. 70	2. 49	2. 01
本科生	13. 79	14. 38	18. 11	18. 54
专科生	14. 32	9. 61	18. 08	20. 49
其他学历	61. 93	68. 46	56. 09	52. 79

3. 境内上市制造业技术人员低于粤苏鲁

课题组对浙江、江苏、山东、广东 4 个具有代表性的制造业大省内上市公司的员工数据进行了分析。浙江制造业境内上市公司生产部门人员占比为 59. 87%，处于 4 省的中间水平，其余 3 个省的比例都保持在 60% 左右；浙江制造业上市公司销售部门人员占比为 10. 54%，处于中间水平，最高为山东的 12. 5%，最低为广东的 9. 21%；在财务和技术人员占比方面浙江都不占优势。但是浙江制造业上市公司技术人员占比仅为 15. 72%，处于 4 省最低水平，表明浙江在技术型人才的数量上与制造业强省还存在一定差距；浙江制造业上市公司行政人员的占比位列 4 省第一，达 9. 07%，在保证机构运行效率的同时也要反思是否存在组织冗余现象。

4. 制造业企业董事长学历结构低于粤苏鲁

根据浙粤苏鲁境内制造业上市公司的数据，从现任董事长的学历结构来看（见表 2），大部分董事长学历水平都集中在硕士，其次是本科和专科，博士学历的董事长也不少。但是与其余 3 省相比，浙江制造业上市公司高管的学历水平还有很大差距，在博士学历方面浙江为 4 省中比例最低的，远低于其他 3 省平均水平；硕士学历方面浙江仅领先江苏，与山东和广东都相差了 10% 以上；本科学历方面浙江也是 4 省中最低的，但比例相差不大；在专科及以下学历的统计中浙江占比相对较多，说明浙江制造业上市公司董事长的学历总体水平相对较低。

表2 浙粤苏鲁四省制造业上市公司董事长基本信息 单位:%

人员类型	浙江	广东	江苏	山东
博士	4.53	8.14	7.69	7.64
硕士	33.53	49.62	33.01	43.31
本科	23.56	24.68	25.96	29.94
专科	21.15	8.40	18.27	13.38
高中	5.44	2.80	5.13	0
中专	1.81	0.51	1.60	0
初中	1.21	0.76	1.28	0
男	94.86	93.38	91.03	92.99
女	4.53	6.11	8.33	5.73

5. 省内上市制造业研发人员占比低于苏粤

根据浙粤苏鲁境内制造业上市公司数据，从对研发的重视程度来看，浙江平均研发人员占总人员比为13.68%，低于江苏的15.80%和广东的17.03%，平均研发投入占营业收入的比重为4.66%，也低于江苏的4.96%和广东的5.70%，说明浙江对于研发投入的力度还不够，增加研发投入还有较大的提升空间（见表3）。

表3 浙粤苏鲁四省制造业上市公司研发人员和投入情况 单位:%

	浙江	广东	江苏	山东
平均研发人员占总人员比	13.68	17.03	15.80	13.26
平均研发投入占营业收入比	4.66	5.70	4.94	3.96

6. 制造业数字化人才匮乏，难以满足数字化转型需要

当前，数字经济已成为驱动中国经济发展的核心力量。党的十九大发出了建设数字中国的号召。实施工业数字化工程是实现工业4.0的前提条件。2018年，我国GDP总量的1/3是通过数字技术实现的。近年来，浙江大力发展以数字经济为核心的新经济，以“数字产业化、产业数字化”为主线，全面实施数字经济“一号工程”。推进工业数字化是实现浙江传统制造业转型升级、智能制造、经济高质量发展的强劲动能和必然选择。数字化工程人才是实现数字经济的第一资源。据波士顿咨询公司发布的《数字经济下就业与人才研究报告》，2035年中国整体数字经济规模将接近16万亿美元，总就业量将达到4.15亿人，如果不实施有效的人才战略，可能会出现巨大的人才数量和技能缺口。2017年，凯捷与领英发布的《数字化人才缺口》报告显示，近50%的雇员正自掏腰包，业余时间自主培养数字化技能。课题组通过走访工业数字化服务公司，对80家制造业公司进行问卷调查，发现工业数字化工程人才匮乏是制约制造业企业数字化改造升级的关键因素。工业数字化工程人才成为制造业企业赢得新增长点的关键要素。中国就业培训技术指导中心联合阿里巴巴、钉钉发布的《新职业——数字化管理师就业景气现状分析报告》

显示，按照每10:1的比例做数字化管理师人才配备的企业，比没有数字化管理师的企业工作效率高出35%～50%。课题组问卷调查显示，70%被调查制造业企业工业数字化人才比例在5%以下。随着制造业数字化进程的推进，出现了工业数字化工程人才严重短缺、供给不足等问题。

（二）多元化人才队伍需加强，国际化人才比例偏低

1. 男女比例失衡，女性就业人员占41%

2017年，浙江制造业非私营单位就业人员总数为315.02万，其中女性就业人员总数为128.88万，占40.91%，这一比例在私营单位中可能更低。从职业选择来看，男性更偏向于技术、销售等工作强度大、薪酬回报高的岗位；而女性相对更青睐行政、运营、市场等工作强度一般、薪资水平中等的均衡型岗位。虽然近年来越来越多的女性向高级技术、产品、管理等岗位涌入，但在一些高薪关键性岗位上男女比例关系依然呈现明显失衡状态，特别是在制造业转型背景下技术领域热度最高的机器学习、深度学习、图像识别、架构师等人工智能和大数据相关岗位，女性占比不足20%，有些甚至是个位数。从行业角度来看，在制造业相关领域，男性因有先天生理优势，在劳动参与率和职级晋升方面显著占优，2018年，工程制造领域的高级管理职位中男性平均占比超过95%。此外数字技术的突飞猛进造成客服、校对员、录入员等标准化、重复性强的岗位被快速取代，部分人员被迫转岗，这部分职位中女性占比相对较高，也加剧了制造业中男女比例的失衡。根据浙粤苏鲁境内制造业上市公司数据，从现任董事长的性别来看，4省男性董事长的比例都达到了90%以上，特别是浙江男性董事长的比例达到了94.86%，为4省之首，女性董事长比例最高的是江苏，达8.33%。说明浙江在人才性别多元化水平上还有待提高。

2. 杭州国际化人才比例低于国际化大都市水平

杭州一直致力于提升城市包容度，打造世界级品质包容之城，但与全球城市发展指数最高的3个城市纽约、伦敦、东京相比仍有较大差距。首先是人才多元化水平不足。外国人口仅0.78万，占常住人口比例不到0.1%，国际化大都市平均水平为10%。其次是跨国公司总部数量远远落后，而国际化城市首要标志是有大量跨国公司。浙江要促进制造业高质量发展，必须提高城市国际化水平，具有吸纳国际人才为浙江制造贡献的能力。

（三）用人所长机制欠缺，人才使用效率比较低

来自盖洛普的客户调查数据表明，针对“有机会每天做自己擅长的工作人数比例”问题，印度36%、美国32%、加拿大30%、德国26%、英国17%、日本15%、中国14%、法国13%。课题组多次对来浙江大学和浙江工业大学的继续教育学员进行调研，针对“在工作岗位中能否发挥自己优势”问题，给予肯定答案的学员占10%～20%。我国在工作岗位中发挥优势的人才比例较低，也就是说我

们的人力资本利用效率较低。美国的实证研究发现，所学专业和工作岗位不匹配的大学毕业生工资将显著降低11%，在过度教育人群中，所学专业和工作岗位不匹配对工资的降低效应达到20%以上。根据麦可思调查数据，2018届大学毕业生的工作与专业相关度为66%，近5年维持稳定。其中，本科和高职高专院校2018届毕业生工作与专业相关度分别为71%、62%，也就是说，近1/3的毕业生从事与本专业无关的工作，并有相当部分学生从事较低层次的岗位，存在严重的过度教育问题。数据还显示，有40%的2015届大学生毕业3年内转换了职业（本科：31%，高职高专：49%），43%的2015届大学生在毕业3年内转换了行业（本科：35%，高职高专：50%），在一定程度上造成了高等教育资源的浪费。

（四）制造业人才培养平台和模式跟不上时代发展

根据《中国统计年鉴》（2017）数据，浙江普通高等学校的数量仅为105所，远低于江苏的167所，山东的145所和广东的151所，且浙江仅有浙江大学一所985、211高校，阻碍了吸引多元化人才和储备高端精英人才能力，影响了制造业人才供给。

浙江技能人才总体素质偏低，是由于职业教育的发展难以跟上新时代制造业转型升级对人才的迫切需求。从技能人才的培养情况来看，浙江与传统制造业强省还存在着较大的差距，根据《中国劳动统计年鉴》的数据，截至2016年末，浙江技工学校为78个，低于传统制造业强省江苏的121个，就业训练中心个数为57个，江苏为102个，特别是在职业技能鉴定机构数上差距显著，浙江仅有79个，远远落后于江苏的542个（见表4）。

表4　浙江和江苏制造业技能人才培养机构情况　　单位：个

指标	浙江	江苏
技工学校	78	121
就业训练中心	57	102
职业技能鉴定机构	79	542

中国教育科学研究院国际比较教育研究中心选取了世界上经济和教育较为发达的37个国家，包括经济合作与发展组织（OECD）的34个成员国和中国、俄罗斯、巴西，通过构建2个维度11个指标的职业教育竞争力评价指标体系对各国的职业教育竞争力进行评价和排名，结果显示，中国的职业教育竞争力仅位于第26。这充分说明我国职业教育发展速度严重滞后于制造业转型升级的要求，主要存在以下三个问题：第一，我国职业教育的人才培养理念大多还滞留在工业3.0甚至2.0时代，着重培养学生的“一技之长”，导致许多职业院校毕业生的综合素质与企业实际作业需求脱轨，最终成为人才培养的桎梏。第二，当前我国职业教育培养方式

过度依赖学校职业教育，校企合作浅层化、表面化，学生知识和技能的主要来源皆为学校。这种培养方式用于支撑粗放型生产企业运营是可行的，但对于精益生产企业就稍显无力，对定位于智能化生产的企业要求则难以企及。第三，教学组织形式与社会经济发展相脱节。当前职业教育课程内容多数仍停留在工业2.0阶段，较少涉及大数据、工业机器人等新兴制造技术，难以满足企业技术进步和生产组织发展需求，导致企业需对员工进行“二次培训”。同时，教学方式仍以传统讲授法为主，难以达到预定目标。

（五）缺乏公平共赢的激励机制导致员工离职率高

根据前程无忧2018年的人力资源白皮书，传统制造业行业平均年薪为79653元，在行业中几乎处于最低水平，仅领先于生活性服务业。2013～2018年员工整体离职率不断上升，分别为16.3%、17.4%、17.7%、20.1%、21.6%、20.9%。其中，一线操作人员的离职率尤其突出，一直高于平均离职率，2017年一线操作人员的离职率高达27.3%。同时，在调查中发现员工选择主动离职的最主要原因还是缺乏具有竞争力的薪酬福利和职业成长空间有限，其次则是绩效考核的不公和与自身职业规划不符。对于薪酬福利的激励效果，企业与员工的认可程度存在较大差异，企业方的平均分为4.9，而员工方的平均分仅为2.4，企业提供的补充福利也与员工需求存在较大差异——企业提供的补充福利主要集中在购物卡、实物等方面，而员工的福利需求主要集中在住房补贴、补充养老等项目上。

（六）缺乏包容氛围，对员工建议和失败包容度低

根据2018年全球人才竞争力指数报告研究，通过包容性团队领导的企业，员工不太可能感受到领导的偏见，团队层面的包容性领导力有利于企业创新和高质量发展，也有利于市场的拓展。课题组对包容型领导风格开展了多项实证分析，发现领导对员工的观点和失败的包容度分数较低，但是包容型领导风格对员工的心理资本、创新行为和团队绩效具有明显的正向影响。新生代员工具有很强的自主自尊需求，随着他们逐步成为劳动力的重要组成部分，越来越需要组织包容的氛围。制造业的高质量发展必须依靠创新，创新面临着失败的风险，因此对创新失败的包容是鼓励制造业高质量发展的重要支撑。

三、国外人才发展战略推动制造业高质量发展借鉴

（一）美国推动制造业高质量发展的人才发展战略

1. 鼓励创新创业

2010年，美国政府正式启动“再工业化”，开始新一轮的产业结构调整升级，

特别是加大了对航天、新材料、新能源等高端制造业的扶持力度，而制造业的转型升级最终还是依赖人才的创新力量，为了给制造业输送更多人才，美国从 1986 年就开始倡导 STEM 教育，要求高校加强科学、技术、数学和工程教育方面的投入力度，通过科技创新保持经济增长。美国政府同时也有着一套十分完备的创业体系，几乎所有的大学都开设了有关创新创业方面的课程，斯坦福大学每年都会举行年度创业者大会并邀请国际知名企业的高层人员前来参加，不仅为学校营造了良好的创新创业氛围，也为学生日后的创业活动积累了人脉。学校还会为创业者提供资金支持，就算学生创业失败也可以继续回到大学，不难发现很多硅谷创始人来自斯坦福大学，正是得益于这一教育特色。

2. 吸引世界优秀人才

美国是一个移民国家，美国人才战略的最大优势就在于集中了世界各地最优秀的人才，政府和企业不惜花重金聘请紧缺的高端制造业人才。1990 年，美国政府颁布新的移民法，鼓励国外投资人士和专业技术人才移民美国，并推出 H1－B 签证为国外专业技术人才进入美国工作提供便利。美国还吸引了全世界近 1/3 的留学生并为其中优秀的人才特别是 STEM 专业留学生提供一系列绿卡配套服务，这一战略不仅提升了美国的人才储备，还为美国带来了可观的教育创汇。对于海外人才，美国还采取主动出击战术，利用在海外跨国公司的便利，用高薪吸引专业人才。在大数据背景下，美国在 2016 年提出的《联邦大数据研发战略计划》就遵循了科技创新需要开发人才数据的原则，扶持猎头公司和国际化职业社交平台掌握了大量国内外人才数据，在世界人才竞争中占据了主动。

3. 人才的市场化管理

美国作为最发达的资本主义国家，市场在资源配置中起到了决定性的作用。随着一些低端岗位被转移到人力成本更低的发展中国家，美国的制造业也开始从劳动密集型转向技术密集型，在流失了近 1/3 的低端岗位后美国制造业的生产总值还能每年保持强劲的增长，这与美国的人才结构密不可分。比起学历，美国更重视个人能力，在美国有多少能力就能得到多少薪酬，同一级别员工根据业绩的不同收入可能存在很大差距，而一些复合型管理人才薪酬可达到一般员工的 5～6 倍；不仅仅是企业，美国国家实验室也遵循市场化的人才运作方式，人员竞争上岗，除专职的终身科研人员，其他均采用合同聘用制，博士后、研究生的流动非常频繁，不断为科研注入新鲜的血液，为制造业高质量发展提供了最基础的技术保障。同时，高度的市场化也催生出了成熟的人才分类管理制度，美国成为国际上职业细分最多的国家，对于不同类型的人才均有一套完善的聘用、考核和激励制度。这种市场化的人才战略，虽然给美国社会带来了严重的两极分化现象，但是却使人才资源得到了最有效配置，大大提升了制造业生产效率。

（二）新加坡推动制造业高质量发展的人才发展战略

1. 人才优先的国家战略

新加坡自然资源匮乏，自独立以来政府就把人才资源作为国家的第一资源，进口替代时期，新加坡主要通过中等教育提高识字率和进行双语教育，提升国民总体知识水平。出口导向时代吸引外资成为政府的第一目标，以鼓励跨国公司设立企业培训机构为契机，利用海外优秀经验培养高技能人才，满足工业化发展的技术基础。1974 年后新加坡的教育重心开始从职业教育向高等教育转移，出口产品逐渐向高附加值、技术密集型产品转移，成为了初具规模的新兴工业化国家。1985 年后新加坡正式跻身发达国家行列，建立起了一套由小学到大学完善的精英人才培养模式，教育首次被经济化，以服务的形式出口。以高附加值制造业和服务出口为主的“双引擎战略”现在仍是新加坡经济的主要增长点。1965 ~ 2018 年短短半个世纪，新加坡从一个人均 GDP 只有 511 美元的贫瘠小国发展到人均 GDP 达 64582 美元的工业强国，这与其各发展阶段不同人才战略的组合是分不开的。以 2002 年为例，新加坡教育财政支出占比达到 19%，比美国的 11% 还要多，中国只有不到 3%，相比其他国家，新加坡对人才的重视可见一斑。

2. 高效的人才分流制度

为了满足制造业向技术密集型转移的目标，1979 年新加坡实行了人才分流制度，在英国双轨制教育制度的基础上又吸收借鉴了德国、日本和美国的先进经验，形成了自成一体的灵活的教育制度。自小学四年级后开始分流，按语文水平选择三种不同课程，升入中学后又分为特别班、快捷班和普通班三种，特别班可以直接升入初级学院，快捷班和普通班的优异者可分别在第四和第五年参加英联邦 0 水准考试，剩下的普通班学生则进入技术教育学院。只有 0 水准考试前 10% 的学生才能进入初级学院（高中），剩下的学生按成绩分别进入理工学院或私立学院（大专）。两年后初级学院学生可以参加英联邦 A 水准考试进入新加坡大学或国外其他大学就读，不合格者进入新加坡职业发展局设立的联合训练中心接受高级技术训练。这种层层分流制度既满足了学生和社会多样化的需求，保留了大部分职业技术人才作为制造业的劳动力支撑，又筛选出少数精英人才保证制造业向着科技创新高质量发展，实现了人才资源的高效利用。同时制度还设置了极少数理工学院学生和私立学院学生通过考试进入国内外大学学习的通道，最大程度上避免了人才的浪费。

3. 开放的国际化视野

在新加坡建国的七位元勋中有 6 人均来自海外，所以新加坡自成立伊始就确立了国际化的人才战略。在教育方面，初期新加坡积极向制造业强国学习，与德国合作成立德新学院培养具有“工匠精神”的技术人才，一年后又与日本合作成立日新学院，请来大量程序设计师和数据分析师助推制造业的自动化和智能化发展。为了在高科技制造业中占据一席之地，经发局又与美国 Computervision 公司开设了以应用为中心的培训学校。这些合作项目使得新加坡俨然成为国外高科技和自动化工厂在亚洲的样板，吸引了海外许多知名企业来新加坡进行跨国合作。20 世纪末新加坡瞄准知识经济转型，提出建设世界级大学发展定位，先后引进多所海外知名高校以研究生培养、共同研发、独立办学等多种方式为高端制造业提供人才。在人才吸引方面，新加坡政府主要做了以下四个方面的努力：一是推出了住房、医疗服务、子女教育等一系列一流的配套服务；二是为海外人才和具有海外人才的企业提供税收减免优惠；三是总理办公室专门成立“公民和人口小组”为海外高层次人才和投资者移民新加坡提供便捷通道；四是在海外设立八个“联系新加坡”联络处，作为国家猎头机构在海外寻找人才，吸引在海外的本国人才回国发展。

（三）德国推动制造业高质量发展的人才发展战略

1. 重视职业教育

德国作为现代大学的发源地之一有着非常完善的教育体系，教育普及率非常之高，早在 20 世纪初期德国国民的文盲率就降到了 1% 以下，特别是对于职业教育的重视受到了世界各国的广泛关注。根据世界银行世界发展指标和贫困与公平数据库 2011 ~2015 年的平均数据，高中学历的德国国民人数占德国人口总数的 59. 2% ，这一比例比同为发达国家的美国高出 14. 3% 。职业教育之所以在德国如此热门，一方面是由于德国制造业对职业人才需求巨大，一些顶尖技术人员的收入可以和美国金融行业人员收入相媲美；另一方面是德国人一直秉持认真严谨、精益求精的民族精神，社会和学生本人对职业教育并不排斥。“双元制”是德国职业教育最突出的特点，是学校和企业共同承担教学任务的一种培养方式，在 2 ~3. 5 年的学习期限中保证学生有 70% 的时间在企业实习，培养他们实际操作的能力。德国 REFORM 集团的大型数控机床大部分都是定制的，有些制造工序只能人工完成，也就是说正是技术人员的双手造就了自动化程度如此之高、价值百万的数控机床。金融危机之后德国制造业就业份额虽然下降但是德国制造业生产总值增加的百分比却始终稳定在 23% 左右，而美国近 20 年来制造业就业份额和生产总值增加的百分比几乎逐年减少，所以有学者认为德国的教育体系可能更适合现代制造业的需求。

2. 产学研充分融合

随着国际制造业发展和劳动力市场的变化，德国“双元制”职业教育也开始向高等教育领域延伸，巴登—符腾堡州的职业学院于 2009 年转型成为德国第一家理论与实践相结合的“双元制”大学并与奔驰、西门子、保时捷等 9000 多家企业建立了合作关系。目前，德国的应用科技型大学已经成为了德国高等教育中的主力军，有些甚至排名在研究型大学之上。在德国政府的推动下，高校和企业合作打造的高科技工业园区成为了科技创新、企业孵化和人才培养的主战场，慕尼黑科技园就与慕尼黑大学、慕尼黑工业大学、慕尼黑理工大学等达成了合作关系。政府鼓励高校教授自主创新，一些高校教授往往是园区某个中小企业的创始人或项目主要负责人，带领学生参与研发，将知识转化为产品，同时政府也鼓励企业中的优秀技术人员参与高校的教学，如德国规定工程技术领域的博士在企业工作满 7 年后就可获得申请到高校成为教授的资格，将企业实际生产研发的最新经验带入高校，使学校教授的内容始终与产业发展的最前沿紧密接轨。

3. 人才政策制度化

在政府层面，德国政府首先制定了《职业技术培训法》和一系列完整的职业技能认定程序来确保企业对青年工人进行培训同时保证工人的职业技能水平；为培养制造业的精英人才，德国还成立了“德国理工大学联盟”和启动“德国大学卓越计划”，以资助年轻的科研人员，促进高校与高校、高校与研发机构之间的交流与合作。在德国公立大学和科研机构担任永久职位的教授都是国家公务员，享有较高的固定工资，对工作绩效考评的影响主要体现在科研环境改善和个人声望方面，与教授的工资无关，这使得绝大多数教授可以安心从事高质量的科研研究。德国政府设立的最大的科研资助机构——德国研究联合会还设立了海因茨迈尔—莱布尼兹奖、埃米诺特计划等一系列旨在培养和激励青年人才的政策，以实现国家后备人才的可持续发展。

（四）其他竞争力排名靠前国家的人才战略

1. 完善的人才保障制度

观察近年发布的全球人才竞争力指数排名不难发现，排名靠前的大多数为实行高税收高福利政策的西欧和北欧国家，特别是在留住人才这一维度上得分尤为突出。在教育方面，这些国家的学费几乎全免，不论年龄、社会地位每个人都可以在人生的任何阶段享受受教育的权利，这些高福利国家不仅重视孩子在学校对专业知识的学习，也重视家庭对一个人健全人格的培养，如瑞典著名的“奶爸假期”就允许爸爸们在照看孩子的同时获得至少 90 天的带薪假期。这种做法虽然从短期看消耗了大量的社会资源，但是从长远来看却能使孩子从小就养成积极乐观的生活态度，为成才打好基础。

在工作方面，这些国家鼓励尝试、容忍失败，对失业或创业失败者都能提供一份基本的生活保障和培训，前提是必须继续寻找工作或是学习而不是在家里好吃懒做。由于实行高税收政策，导致行业和个人之间的收入差距并不大，高质量的生活品质也逐渐淡化了人们对于金钱和名利的追逐。无论是政府工作还是科研活动，每一项人员的选拔、经费的使用、成果的发表都采取透明公开的方式，营造了相对公平公正的社会环境，人们都能自觉地遵守规则，所以高福利政策不但没有养懒汉，反而在社会中形成了一种以兴趣为导向的职业选择习惯，使得科技创新融入人们的日常生活，间接推动了各个领域的创新发展。

2. 多元与包容高度契合

随着全球化浪潮，国际间交流合作越来越频繁，人们开始逐渐关注多元化和包容性对人才发展以及生产力的影响。研究表明，在一个实验组内女性和男性的比例对该组解决问题和创新方面的表现有直接关系，同时具有性别多元化的公司更具有创造力。人才创新中心（CITI）是一家专注于全球人才和包容性的非营利性研究机构，该机构发现人才发展质量较高的国家都致力于性别多元性以及协作和资源的多元化，特别以北欧国家为代表。同时，为了获得创新红利，人才竞争力排名靠前的国家都致力于多元化并建设包容型文化。欧盟委员会提出的“欧洲 2020 战略”就明确指出可持续和包容性的增长为未来 10 年的重点目标，2012 年发布的《加强欧洲研究区伙伴关系，促进科学卓越和经济增长》提出要建设一个向世界开放的人才和科学技术自由流动的科研环境。

在人才竞争力排名第一的瑞士，德科集团正致力于创造一个每个员工都受到重视的工作场所，无论年龄、性别、种族、社会背景和身体素质，使得德科集团在全球年度最佳工作场所中名列第二，大量员工表示这种包容型文化是选择德科集团作为其雇主的主因。CITI 研究表明包容型领导风格有利于降低员工的感知偏见，鼓励员工提出新想法并鼓励领导者实施这些想法，这是企业创新能力的基础。以人才竞争力排名靠前的欧洲国家为代表的基于各国层面的多元化和包容性很好地验证了一个开放的环境对人才竞争力和可持续发展之间的良性影响。

四、包容型人才战略的概念和内涵

中共中央于 2016 年 3 月印发的《关于深化人才发展体制机制改革的意见》文件中提到，企业迫切需要深化人才发展体制机制改革。包容型人才战略将包容理念有机融入人力资源管理实践中，它是一种把传统的包容文化和现代的包容理念有机融合到引才、用才、育才、激励人才等一系列人才开发工作，实现了包容文化与新时代人才开发的有机结合，强调了多元化人才队伍建设、注重员工优势的培养和发挥、重视公平和共赢、理性包容员工的创新思想与失败等理念。

（一）包容型人才发展战略的概念

随着时代的进步、人才重要性的凸显、人才多元化特征的呈现和人才内在需求的提升，亟待将包容理念与人力资源管理实践相结合，构建包容型人才开发模式。包容型人力资源管理概念最早是 Bennet 等从员工援助计划角度提出的。包容型人才发展战略把包容理念融合到人才开发的各职能中，在招聘、录用、培训、使用、调动、评价人才的管理中，注重发挥人才的优势，重视对人才的培训与能力建设，加强人才的跨界交流，鼓励人才参与企业管理，尊重人才的不同意见，实现人才与组织、社会的利益共享，调动人才的工作积极性和创新行为，最大限度地激发人才的潜能。

包容人才战略促进组织成功，包容管理能满足员工归属感和独特性需求。包容型人才发展战略把包容理念有机融入引才、用才、育才、激励人才等人力资源管理实践中，重视员工的体验感，其中社会认同理论、社会交换理论、社会公平理论为包容型人才发展战略提供了理论支持。

（二）包容型人才发展战略的特点

1. 包容型人才发展战略与传统人才战略相比较具有三个明显特征

（1）包容型人才发展战略注重社会、组织与员工之间的依存共赢关系，包容型人才发展战略将人才看作是推进社会和组织创新和发展的核心资源与主体，将社会、组织与员工看成是共同促进的依存关系。

（2）包容型人才发展战略强调机会均等、分配公平、成果共享以及能力建设。一个包容的工作场所应该尊重劳动力工作价值观的差异，最大限度地激发所有员工的潜能，避免任何其他形式的歧视，并使员工感到被尊重，形成高昂的士气和忠诚度。在组织管理过程中，包容型人才开发模式注重消除歧视，发挥员工的自身优势，共享收益，参与企业决策，提升员工的工作能力以及建设多元化团队，构建良好的创业创新的工作氛围。

（3）包容型人才发展战略整合了多种人才开发模式的理念和优势，从机会提升、能力提升和动机提升三个方面全面激发人才的创新行为。包容型人才发展战略以包容理念整合机会提升、能力提升和动机提升三个方面的人力资源管理实践，构建了系统完整的人才开发模式。

2. 包容型人才开展战略的五个主要内容

基于包容理念，通过对企业人力资源总监和骨干人才的访谈，课题组初步提出了包容型人才开展战略五个方面的内容。

（1）多元化人才队伍建设。重视人才的异质性，注重多元化吸引人才，促进人才在跨界交流中不断提升自我。

（2）理性包容员工的观点与失败。给予员工试错机会，在员工犯错误时给予正确引导与理性建议，帮助员工解决后顾之忧，鼓励员工提出新观点和合理化建议。

（3）重视员工的培养。通过工作指导和系统培训等方式培育人才，使员工突破自我，不断进步。

（4）注重员工优势的发挥。不断挖掘员工优势潜能，帮助其实现个人价值，更好地为企业服务。

（5）注重公平与共赢。通过公平对待员工、与员工共享收益，提升员工的归属感和荣誉感，使之全身心为企业做贡献。

（三）包容型人才战略的维度

1. 基于制造业企业家讲话稿提炼企业包容型人才战略维度

在相关文献分析的基础上，课题组归纳了 63 篇优秀企业家的讲话稿，其中大多数是制造型企业家的讲话稿，经过开放式编码、主轴编码、选择性编码等过程，推断出包容型人才战略包括四个维度。

（1）开放式编码。在此阶段，通过分析企业家的讲话稿，得到若干个原始重点语句，然后将各个原始重点语句进行概念化和范畴化，初步得到原始的概念群和范畴群。从每篇讲话稿中抽出与包容型人才开发模式相关的原始重点语句，从中提炼初始概念。因为初始概念数量较多，也可能存在相互交叉的关系，所以将初始概念进行分类并组合，删去重复频次低于 2 次的初始概念，对于重复频次在 3 次及以上的初始概念进行范畴化。

（2）主轴编码。主要是分析和建立各个范畴之间的相互关系。将在开放式编码过程中所提取的初始概念进行比较，从原始语句中提炼出与包容型人才发展战略相关的核心概念，并归纳为 5 个范畴。各主范畴及其对应的开放式编码范畴如表 5 所示。

表 5　主轴编码形成的主范畴

主范畴	初始范畴	关系内涵
多元化人才队伍建设	企业跨越身份、地域等的限定多渠道引进优秀人才	不限身份、地域引进优秀人才
	企业在引进人才过程中，重视人才队伍的多元化	重视优秀人才而无关出身
	员工不会因为性别、地域和学缘等异质性被排斥	以员工能力和潜质为标尺引进人才
理性包容员工观点和失败	造成失误时，相关领导能在情感上给员工理解和指导	在情感上给予理解使员工感知到组织的包容
	企业能够理性包容员工的观点和失败	包容员工观点和失败是建设包容型组织的关键
	发生过错失误，相关领导会问明缘由，不会随意加以指责	出现问题时领导查明缘由不随意指责
	相关领导包容员工建议或决策导致的失败	通过包容失败给予员工更多试错机会
重视员工培养	相关领导经常给员工提供指导或建议	及时有效给予指导可帮助员工发现解决问题
	企业非常关心员工的成长，注重对员工的培养	关心员工成长，构建注重员工培养的组织氛围
	企业（部门）会公开认可和表扬员工所取得的成绩	认可并表扬员工成果，培养员工专注做事的能力
	相关领导善于听取员工好的建议和思想	培养员工责任心与领导力
注重员工优势发挥	所在企业善于发现各个员工的优势	善于发现优势才有可能促使员工发挥优势
	所在企业能根据员工各自的优势合理安排他们的工作	保证在工作中合理运用自己的优势
	所在企业经常鼓励各成员在工作中能扬长避短	注重扬长避短才能保证优势合理发挥
	相关领导能够给予员工一定的决策权	给予员工决策权，使优势得到施展

续表

主范畴	初始范畴	关系内涵
注重公平和共赢	企业能够公平地对待各员工	构建公平的组织氛围
	企业能够考虑到各个员工的需求和利益	构建制度或规则时考虑员工各个层面的需求利益
	企业已经建立了员工与企业共享收益的机制	与员工共享成果收益

资料来源：根据讲话稿整理。

（3）选择性编码。通过对五个主范畴比较发现，可以用“包容型人才发展战略”这一核心范畴来统率和概括该五个范畴的关系，即它们都是企业实施包容型人才发展战略的直接表现：较好的包容型人才发展战略将包容的理念融入传统的人力资源管理实践中，要求组织采取多元化人才队伍建设、理性包容员工的观点和失败、注重员工培养、注重公平和共赢、重视员工优势发挥的管理方式。

（4）理论饱和度检验。为了检验理论是否充足，进行了饱和度检验。研究者另外收集了两家企业（新东方、京东）的企业家讲话稿资料按上述流程重新编码并进行理论饱和度检验，并未发现新的概念和范畴及其联结关系，表明本文中所归纳的范畴和核心概念达到了理论饱和。

2. 基于国外经验提炼包容型人才发展战略的先进实践

课题组对国外人才发展战略推动制造业高质量发展的经验进行了汇总，发现国外的不少经验与包容型人才发展战略相关，是包容型人才发展战略的具体表现（见表6）。

表6　国外人才发展战略与包容型人才发展战略对应

国家	推动制造业高质量发展的人才战略	相关的包容型人才发展战略的维度
美国	鼓励创新创业	包容员工的观点和失败
	吸引世界优秀人才	多元化人才队伍建设
	人才的市场化	用人所长
新加坡	人才优先发展战略	重视人才培养
	高效人才分流	用人所长
	国际化视野	多元化人才队伍、跨界交流合作
德国	重视职业教育	重视人才培养、用人所长
	产学研充分融合	跨界交流合作
其他人才竞争力靠前国家	完善的人才保障制度	重视人才培养、注重公平双赢
	多元化和包容性	多元人才队伍建设、包容员工观点和失败

五、包容型人才发展战略推动制造业高质量发展的对策

融合中国传统优良的包容文化和理念，构建包容型人才发展战略，是破解现有

的制约制造业发展障碍的现实选择，是促进浙江制造业高质量发展的必由之路。

（一）构建包容型人才开发强省以吸引多元化人才

1. 提升杭州包容度，争做世界级包容之城

所谓“包容型”，是指欢迎外来人才来杭州就业、创业创新，外来人才能迅速融入当地工作环境和文化，融入当地生活圈子，安居立业，没有被排斥的感觉，具有获得感和认可感。杭州要用开放与包容去拥抱世界，吸引和凝聚来自全国乃至全球的人才，提高包容度以吸引人才。杭州的“大气开放”精神包含包容的深意。区域的开放包容度越高，就越能吸引到世界级的优秀人才。深圳是一个充满激情与活力的区域，长期坐拥“中国包容之城”宝座，是中国最著名的移民区域，这里有博大开放的全球文化、融汇百家之长的恢宏气度，这是其成为创新型区域的根本原因。

2. 融入包容理念，争做世界级人才高地

包容性是人文精神和管理文明的重要尺度。建设“人才强省”就需要求同存异，能够包容不同的文化和思想，鼓励百花齐放、百家争鸣。建立在“和谐区域”之上的创新型区域需要有海纳百川的气度，不拘一格降人才，择天下英才而用之。为了促进区域的包容性，应逐步对优秀创新创业人才取消户籍壁垒，逐步打破阻碍资源和人口流动的体制机制障碍，如取消限制外地车牌和提供更好的交通环境治理等措施，提高公共服务水平，建立完善的医疗、卫生、住房、教育等公共服务体系，为外来人才提供均等化的公共服务，给其孩子入学、就医、创新创业等提供便利，增强对杭州和浙江的认同感和归属感。

（二）建立用人所长新机制提高人才的使用效率

1. 进一步践行学人所长的人才分流理念

德鲁克特别强调，用人的关键是“Making Strength Productive”，也就是说，要发挥人的长处，帮助发现最适合于某项工作的员工。需要引导各类人才根据自己的特长兴趣选择合适的学校、专业和职业。第一，要对人才提前进行职业生涯规划，如在高中阶段就科学设置职业生涯课程，让高中生能提前进行职业生涯规划，避免盲目选择大学和专业，在高校中开通学生转换专业的渠道。第二，开通技能型人才的发展通道，提升优秀技能型人才社会地位和待遇，破除只有考上大学才是人生职业发展主要道路的思想，鼓励部分人才走技能型人才道路。

2. 建立用人所长、不浪费人才机制，统筹人才科学管理

第一，引导各制造企业建立用人所长的人才理念。要根据人才的内在价值观、内在需要和才能配置合适的岗位和规划人才的职业发展路线。第二，发挥市场配置人才的作用，鼓励人才合理地流动，制造企业要鼓励员工在单位中找到最适合自己的岗位。例如，对新员工 3 年内不定岗，直到他们找到合适岗位为止。第三，提倡

创造一个每个员工都受到重视的工作场所，无论年龄、性别、种族、社会背景和身体素质，使得杭州和浙江成为全球年度最佳工作场所。第四，完善防范人才短板损害效应机制。人才短板需要通过人才互补、人才培训和监督等机制防范人才的短板损害作用。

（三）建立重视人才价值观人生观的跨界育人机制，培育高质量人才和数字化人才

1. 把价值观和人生观融入系统科学的人才培养标准

首先，人才标准是人才培养的指挥棒和方向盘。要高度重视人才培养标准的制定，为培养、选拔、考核、晋升提供准则。发达国家非常重视人才的素质标准。美国工程和技术鉴定委员会通过跟踪企业需求确定工程师的基本素质标准，并不断完善。法国工程师委员会和澳大利亚工程师协会提出了相应标准。现阶段需要整合政府部门、行业协会和高校等多方力量，建立起科学有效的、可操作性的、具体的人才培养标准。其次，价值观和人生观是人才培养的关键要素。按照素质冰山理论，价值观和人生观是影响人的行为和绩效的关键要素。所以，不管是学校教育还是继续教育，都需要加强人才的价值观和人生观的培养。目前，人才培养重点在于素质冰山最上层的知识和技能，相对忽视了对科学正能量的价值观和人生观的培养。

2. 强化科教优先战略，给予人力资本和创新财税支持

浙江制造业就业人才的教育水平、人才结构不及广东、江苏、山东，研发投入不及广东和江苏，浙江要成为制造强省，要加大对人力资本和创新的投入。教育、培训和研发投资的回报率比物质资本的投资回报率高，所以国家、学校、企业、个体和社会都要重视教育、培训和创新，德国专门出台了《职业技术培训法》。首先，继续加大对教育、培训和创新的有效投资。地方政府可以在国家投资的同时，想方设法增加投入。浙江是经济大省，但对教育的投入并不突出。其次，创建和培育国际一流的大学和一流的学科，培育多所在国际和国内有影响力的高校，让杭州成为高等教育的强市。最后，通过财税优惠政策鼓励企业承担育人和创新的责任。依照法律和政策积极争取体现地方特色的鼓励企业承担育人责任和创新的税收优惠政策。

3. 政府引导校企行企跨界培育优秀人才和紧缺人才

重点培养制造业数字化工程人才。校企联合培养企业科学家的理念源于美国。产学研携手的“三重螺旋”模式将会出现“双赢”甚至“三赢”的局面。浙江校企联合培养虽然有所起色，但是进展缓慢。为此，第一，要充分发挥政府的引导与支持作用。政府应当成立专门机构，通过政策引导校企合作，通过适当的税收减免和财政补贴等形式，吸引企业与高校协同培养人才。第二，实现高校与相关产业和行业深度合作，培养行业和产业急需紧缺人才，尤其是制造业数字化工程人才。通过建立实习基地、校企合作基地等形式，促进相关专业与相关产业及行业的合作。

2015年浙江省特种设备研究院与杭州职业技术学院“行校合作”，组建了全国首家特种设备学院，打造了技能型人才培养新模式，把行业资源和教育资源深度融合，把行业需求和专业结构深度融合，把行业指导和教学研究深入融合。第三，构建高校与企业信息交流平台。实现校企无缝连接——高校要跟踪企业和社会人才需求，企业把人才信息及时反馈给高校，高校根据人才需求及时调整人才培养模式。第四，强化企业在人才培养中的公共责任。企业要建立健全培养人才的长效机制，担当起主体责任，积极与高校合作建立实习基地。第五，提倡并鼓励校企之间人才交流互动。通过相互挂职和兼任导师，促进校企人才深度交流和高度融合。高等院校要顺应时代潮流，建立多元化人才评审标准，学习德国的经验，高校教师的企业实践和创业经历可列为一类评审条件。鼓励教师去企业挂职锻炼，欢迎优秀的企业人才到学校兼任导师。第六，重点培养工业数字化人才问题。《数字人才驱动下的行业数字化转型研究报告》显示，软件与IT服务业是当前拥有数字人才最多的两大引领型行业，占28%，且近三年占比呈增长趋势；消费品、金融、教育、公司服务等行业人才占比约45.0%，制造业数字人才占比为19.7%。从时间趋势来看，2016~2018年制造业数字化人才占比呈现降低趋势，由2016年的21.0%降低到2018年的19.7%。因此，需在政府引导和支持下，通过校企、学校和行业协作才能解决工业数字化短缺问题。

（四）建立激发真善美潜能的公平共赢的激励机制

1. 建立激发真善美潜能的人才激励理念

人才开发的目标是让人性变得越来越善，同时激发人的潜能。根据哈佛大学詹姆斯教授的研究成果，一般人的潜能只使用了20%~30%，如果给予充分激励，人的潜能将能发挥70%~80%，因此，通过激励可大幅度提高人的潜能。根据强化理论，正向强化的效果比惩罚的效果更好，即激励比惩罚更起作用。所以，我们的体制机制设计除要给人才制定规矩和惩戒措施外，更需要采用正向引导和鼓励措施去激励人才的积极性和潜能。

2. 建立公平公正的人才评价和竞争机制

根据科学的人才标准和高质量成果的要求，对人才进行考核评价。改变以往重视规模和数量，忽视质量的评价体系，尤其需要提倡工匠精神，强调工作的质量是首要考核指标。改变考核流于形式、人情因素过多干扰、追求短期成效忽视长远影响等现象。建立完善人才诚信评价体系。合理控制人才评价的频次，过多的人才评价占用了人才的填写报表的时间和精力，分散了他们的注意力，挑起过多追求名利的浮躁心理。

3. 建立人才生活保障和共享收益激励机制

根据人性假设，人具有经济人假设，需要给予利益的保障和激励，根据效率工资和锦标赛理论，给员工更多工资可以更吸引和留住人才。在人才的观念中形成最有利于组织利益的思想，必须实现组织、人才和社会的共赢机制。首先，根据员工基本生活成本需求和工作价值给予他们合理的薪酬待遇，让员工生活获得基本保障，同时从工作价值中获得劳动回报。其次，建立股权激励等机制让人才共享组织的利润和收益。最后，增加廉租房的供给，政府和社会应当为人才提供良好的公共服务，让他们分享改革开放以来国家经济发展和社会进步的红利。杭州的高房价和高房租迫使不少制造业人员回流到老家就业。因此，杭州要进一步加大廉租房的供给，对制造业的技能型人才、高层次人才和紧缺人才，要给予住房保障。建立与产出匹配的人才共享收益体制，薪酬增长水平能赶上物价增长的速度，以提高人才的产出和价值提升人才的薪酬。建立制造企业、领导与员工共担责任、共享收益的激励机制。

4. 优化管理层领导风格，满足员工的心理营养需求

要积极培育一支优秀的制造业管理队伍，以包容领导风格满足各类人才的心理营养需求。应当按照社会人假设和自我实现人假设营造尊重认可、快乐工作的和谐人才发展氛围。根据人性假设，人除了是经济人，也是社会人和自我实现人。经济人往往是为金钱和权力被动工作，不能有效激发人的内在动力和兴趣。为激发人才对工作的认同感、快乐感、兴趣和成就感，更需要用社会人和自我实现人的假设设计人才体制机制。激励机制必须充分考虑到在怎样的心理状态下，人的才能达到最高产量。人在快乐工作时工作效率更高、创造能力更强，所以如何激发人才的工作快乐感是人才体制机制设计面对的问题。课题组通过对包容型领导风格的研究发现，对人才的尊重和认可可以有效提升人才的心理资本，让他们更自信、更充满希望、更乐观、更有韧性。因此浙江制造业的高质量发展，根据新生代员工的需求，进一步优化管理层的领导风格，满足员工的心理营养需求。

（五）促进人才的跨界跨组织跨部门流动和共享

1. 促进人才的跨界跨组织跨部门自由流动

人才迁移是人力资本投资的一种流动方式。为提高人才的红利，要大力支持人才的自由流动，打破人才发展的天花板，鼓励不同部门人才的自由流动，以提高人才的使用效能。

2. 支持人才共享和灵活雇用的平台和机制

树立“不求所有，但求所用”理念，支持人才共享和灵活雇用的平台和机制。目前人才存在结构性矛盾，高端人才和紧缺人才稀缺，同时也存在大量人才闲置的现象，亟待充分借用互联网、大数据和数字经济等技术，对人才管理理念和机制进行创新，建立人才共享平台和机制，促进人才的有效使用和供需的满足。支持高端人才和紧缺人才在遵守职业道德和行业规范基础上，有机会服务于多个组织，建立高端人才、紧缺人才、闲置人才的共享、灵活雇用、合伙制等机制和平台。同时，规范人才共享和灵活雇用的相关政策法规。

（六）建立包容失败的大众创业、万众创新新风尚

对于失败的包容性、宽容性，对人才创新创业的积极性具有重要影响。长期以来，社会对创新的鼓励不足，对创新失败缺乏宽容的气氛，严重制约了创新的活力。在创新创业过程中，错误的、可能实现不了的、冒险的甚至是失败的事情是一定会出现的，这是一种成功前的烦恼，它与成功相伴相生、辩证统一。不管是从事基础和应用研究的创新活动，还是创业活动，重要的是容忍失败，提高对创新创业的容忍度。根据2019年的《全球人才竞争力指数》报告，人才竞争力排名越靠前的国家和城市往往对创业型人才越开放包容。浙江要积极营造大众创业、万众创新的浓厚氛围，倡导敢为人先、敢冒风险、宽容失败的新风尚，使一切有利于社会进步的创业创新的愿望得到鼓励、行动得到支持、成果得到尊重，形成创业创新光荣的鲜明导向。企业在人力资源实践中要有容错的态度和机制，理性包容员工的失败，理解员工难处，既要压担子，又要给支持，允许试错，不急于求成、不轻易下结论，努力营造敢试错敢创新的组织和社会氛围，发挥人才的主动性、积极性、创造性。

作者
裴文洁
李风琴
张燕军

来华留学研究生学术适应实证研究

摘　要：促进来华留学研究生顺利整合我国高校系统，获得硕士、博士学位，从而成功完成学术适应是我国留学教育提质增效的现实之需。但是，来华留学研究生在学术适应过程中遇到了课程学习、科研训练、学术交流等多方面的适应问题。近年来，高校留学生劝退事件时有发生。而且，国内外学者对来华留学研究生学术适应研究重视度不够。因此，实证调研留学研究生学术适应水平并分析其影响因素，在此基础上提出促进来华留学研究生学术适应顺利的政策建议，成为我国留学教育事业提质增效及丰富该选题相关研究的实际需要。

基于此，本文遵循文献回顾—问卷开发及选用—问卷调查—统计分析—结论与讨论—对策建议的研究思路，系统综述国内外关于留学生学术适应的研究，在此基础上自编“来华留学研究生学术适应量表”并根据概念界定选用“一般健康量表”及“跨文化敏感度量表”考察心理适应及跨文化敏感度对学术适应的影响，上述量表信效度良好；综合考虑“双一流”大学与非“双一流”建设高校的代表性并出于方便抽样考虑问卷调查了浙江两所，上海、重庆各一所高校的留学研究生，共获得有效样本444份；使用SPSS及AMOS软件进行统计分析；结合已有研究及相关理论讨论分析调研结果，并在此基础上提出了政策建议。

研究发现：其一，受留学研究生趋同化培养模式及师生双方语言问题等的影响，来华留学研究生科研训练的适应难度大；其二，受留学生英语为第二外语的优势及其专业汉语能力缺乏等的影响，专业教学语言为英语

［作者简介］裴文洁，浙江师范大学在读硕士研究生；李风琴，浙江师范大学在读硕士研究生；张燕军，浙江师范大学在读硕士研究生。

者课程学习及总体学术适应困难小于为汉语者；其三，身份及课堂文化等差异的存在阻碍了教育同伴效应的发挥，不与中国学生一起上课的学生课程学习适应难度小；其四，心理适应的积极影响有利于提高留学生的学术适应，跨文化敏感度越高，学生的交际能力越好，进而促进学术适应，因此，心理适应越好、跨文化敏感度越高的学生学术适应难度越小。

为此，本文提出以下对策建议以改善来华留学研究生的学术适应：其一，高校应该增设留学研究生专业汉语水平测试；其二，高校应该设置留学研究生心理咨询师岗位；其三，高校应该联合举办中外研究生共同参与的高水平学术论坛；其四，高校应该搭建提高留学研究生教师专业英语教学能力及跨文化教学能力的学习平台。

关键词：来华留学研究生；学术适应；政策建议；实证研究

随着来华留学教育由规模扩张到提质增效的发展转向，促进来华留学研究生顺利整合我国高校系统，获得硕士、博士学位，从而成功完成学术适应成为现实之需。但是，来华留学研究生在学术适应过程中遇到课程学习、科研训练、学术交流等诸多方面的难题，近年来留学生劝退事件频繁发生。而且，来华留学研究生学术适应选题尚未受到国内外学者的足够重视。基于事实及理论发展需要，实证调研来华留学研究生学术适应总体水平，分析留学研究生学术适应的影响因素，并在调研、分析的基础上提出改善来华留学研究生学术适应的对策建议已迫在眉睫。

一、问题提出

促进来华留学研究生学术适应顺利意义重大，但留学研究生在学术适应过程中遇到诸多问题。从以往研究看，该选题尚未受到足够的重视。

（一）促进留学研究生学术适应顺利是我国留学教育提质增效的现实之需

学术适应（Academic Adjustment/Adaptation）一词是舶来品。Kaur（2006）指出学术适应是指学生学习过程中，在面对不同的教育体系时，为了促进学业进步所做的变化。朱国辉（2011）认为国际学生的学术适应是指国际学生整合东道国高校学术及社交系统的过程；前者指学生的学业表现和智力发展，后者指学生与学校其他人员交流互动的状况。本文认为，来华留学研究生的学术适应是指来华攻读硕士、博士学位的留学研究生为了顺利拿到学位，整合其所在高校学术系统及社交系统的过程；前者指留学研究生课程学习及科研训练情况，后者指其参与学术交流的情况。

留学研究生顺利的学术适应有利于提高我国高校留学生培养质量，促进高校的高水平国际化发展，进而整体上提高来华留学生高等教育质量，是我国留学教育事业提质增效的现实之需。中国已是世界第三、亚洲最大的留学目的地国，① 在来华留学生群体中，留学研究生人数逐年增加（见表1）。在规模扩张达标下，质量提高备受瞩目。2018年9月，教育部印发了《来华留学生高等教育质量规范（试行）》②，来华留学生教育质量首次受到了国家的重视。此外，高等教育进入普及化阶段，质量成为我国高校的立校之本。留学生培养质量的提高不容忽视。随着高校"双一流"建设的不断推进，高水平国际化建设显得至关重要，留学生培养质量的提高为此提供了保障。在这样的时代背景下，来华留学生顺利进行学术适应意义重大。

表1　2005~2018年来华留学研究生教育发展概况

年份	来华留学生		来华留学研究生			生源国（个）	接收单位（个）
	总数（人）	增幅（%）	总数（人）	占比（%）	增幅（%）		
2005	141087	—	7111	5.04	—	152	198
2006	162695	15.32	8643	5.31	21.54	157	216
2007	195503	20.17	10846	5.55	25.49	165	250
2008	223499	14.32	14281	6.39	31.67	167	264
2009	238184	6.57	18978	7.97	32.89	168	275
2010	265090	11.30	24866	9.38	31.03	173	288
2011	292611	10.38	30376	10.38	22.16	178	306
2012	328330	12.21	36060	10.98	18.71	181	332
2013	356499	8.58	40600	11.39	12.59	183	363
2014	377054	5.77	47990	12.73	18.20	187	381
2015	397635	5.46	53572	13.47	11.63	188	396
2016	442773	11.35	63867	14.42	19.22	186	414
2017	489200	10.5	75800	15.5	18.62	204	—
2018	492185	0.61	85062	17.3	12.28	196	1004

资料来源：陈丽，袁雯静，李爽．范式转换视角下来华留学研究生教育对策研究［J］．学位与研究生教育，2018（9）：45－52.

（二）课程学习、科研训练、学术交流适应困境下留学生劝退事件频发

从以往研究中了解到，来华留学研究生遇到了诸多学术适应问题，主要集中在

① 新华网．陈宝生：中国已成为世界第三、亚洲最大的留学目的地国［EB/OL］．（2017－10－22），http：//www.xinhuanet.com//politics/19cpcnc/2017－10/22/c_129724590.htm.

② 中华人民共和国教育部．教育部关于印发《来华留学生高等教育质量规范（试行）》的通知［EB/OL］．（2018－10－09），http：//www.moe.gov.cn/srcsite/A20/moe_850/201810/t20181012_351302.html.

以下三方面。第一，课程学习，留学研究生课堂氛围融入难度大、课后反思难以形成学术性的知识体系，① 很难适应我国高校的英文课程及教师教学方式。② 第二，科研训练，留学研究生在研究、论文写作及独立规划学习方面遇到困难③，很难与导师商讨研究材料④。第三，学术交流，较少有机会参加与所学专业相关的、深刻的课程或讲座⑤，入学最初无法适应中国教师的英语表达（口音重、词汇量有限、表达不准确等）⑥。

这些适应问题影响了来华留学研究生在高校中的学业生活，近年来，留学生劝退事件频繁发生。2019 年 10 月，复旦大学研究生院发布了《2019～2020 学年第一学期研究生退学决定公示（第一批）》，⑦ 对该校 12 名研究生作出退学处理决定，这 12 人中大部分为来华攻读硕士、博士学位的留学研究生。继 2017 年清退 34 名外国留学本科生和研究生后，2018 年 12 月，武汉大学 92 名外国留学生被清退，同样包括本科生和研究生。⑧ 类似的事件频频发生，这不仅给远道而来的留学生带来困扰，更影响了来华留学生的教育质量，对我国来华留学教育事业的发展造成了负面影响。

（三）国内外学者对来华留学研究生学术适应研究重视不够

国内外文献逐步丰富留学生学术适应相关问题的研究，但来华留学研究生学术适应的研究尚未受到足够重视。中国知网与“来华留学研究生学术适应”主题相关的研究共计 14 篇，其中直接相关的研究尚未发现。

将主题扩大为来华留学生学术适应，围绕“来华留学生，学术适应/心理适应/跨文化敏感度”（international students in China，academic adaptation/adjustment，psychological adaptation/adjustment，intercultural sensitivity）等关键词，在中国知网、Springer、Sage、Web of Science、Eric 等中外文数据库查阅并收集文献资料（见图 1）。

---

① 苏洋．“一带一路”背景下来华留学博士生课程学习体验及其影响因素研究［J］．比较教育研究，2019，41（9）：18－26，35.

② Xuemei Li. International Students in China：Cross－Cultural Interaction，Integration，and Identity Construction［J］. Journal of Language，Identity & Education，2015，14（4）：237－254.

③⑤Semere Tesfagergis Hailemariam. Academic Adaptation Experiences of International Graduate Students at Northeast Normal University［D］. Northeast Normal University，2011：33－35.

④ Mudassir Hussain，Hong Shen. A Study on Academic Adaptation of International Studentsin China［J］. Higher Education Studies，2019，9（4）：80－91.

⑥ Mei T，Genshu L U. Intercultural Learning，Adaptation，and Personal Growth：A Longitudinal Investigation of International Student Experiences in China［J］. Frontiers of Education in China，2018，13（1）：56－92.

⑦ 复旦大学研究生院．学籍《2019－2020 学年第一学期研究生退学决定公示（第一批）》［EB/OL］.（2019－10－25），http：//www. gs. fudan. edu. cn/18/75/c12939a202869/page. htm.

⑧ 武大新闻网．武汉大学清退 92 名外国留学生［EB/OL］．（2019－12－26），http：//cjrb. cjn. cn/wap/html/2019－12/16/content_ 159243. htm.

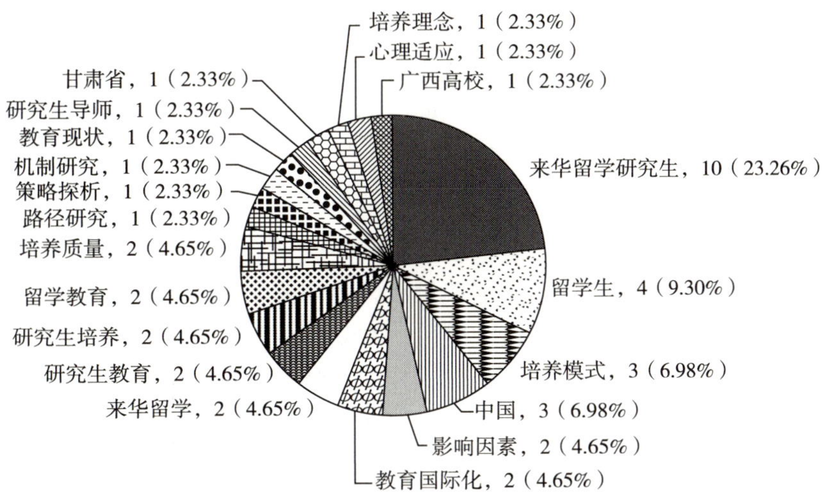

图1　中国知网“来华留学研究生学术适应”主题搜索

综述发现，以往研究存在以下不足：

1. 学术适应的研究对象笼统，缺乏针对性

来华留学生学术适应问题的研究对象多为由本科生、硕士研究生、博士研究生、语言进修生、短期生混合而成的整体。不同身份留学生学术/学业适应的侧重点不同，笼统的整体调研缺乏针对性，较难发现某一身份主体学术适应的具体问题，也就无法有针对性地提出政策建议。因此，本文以来华留学研究生（包括硕士、博士在读生）为研究对象，有所针对地研究其学术适应总体水平及影响因素。

2. 缺乏量表工具，且尚未发现心理适应及跨文化敏感度对学术适应影响的研究

国内外文献尚未发现直接有效的调研工具。本文将开发并修正来华留学研究生学术适应量表。此外，尚未发现留学研究生心理适应及跨文化敏感度对学术适应影响的研究。基于 Graves（1967）、Lazarus（1984）及 Ryder 等（2000）的定义，本文认为，心理适应是指来华留学研究生在中国文化情境中的内部心理状态。心理适应是留学生跨文化适应过程中的重要环节，是其处理与自我的关系、内在矛盾的主要部分。2018 年 7 月，中共教育部党组印发了《高等学校学生心理健康教育指导纲要》①，高等学校学生的心理健康问题受到了党和国家的重视。来华留学研究生的心理健康也应受到重视，有必要考量心理适应对其学术适应的影响情况。此外，基于 Bhawuk 和 Brislin（1992），Hammer 等（2003）的定义，本文认为，跨文化敏感度是指来华留学研究生对异文化的好奇心，注意并理解文化差异的能力并出于尊重甘愿改变自己行为的情况。跨文化敏感度是留学生在多元文化环境中处理外在人

① 中华人民共和国教育部．中共教育部党组关于印发《高等学校学生心理健康教育指导纲要》的通知［EB/OL］．（2018－07－06），http：//www.moe.gov.cn/srcsite/A12/moe_1407/s3020/201807/t20180713_342992.html.

际关系的重要部分。自 2017 年 OECD（2008）提出全球胜任力（Global Competence）框架以来，跨文化敏感度议题受到了全球各国的重视。留学生的跨文化敏感度对其学术适应的影响有进一步探讨的必要。

二、研究设计

本文设计来华留学研究生学术适应量表，旨在调研来华留学研究生学术适应总体情况及其影响因素，讨论分析研究结论，并基于调研及分析结果提出促进来华留学研究生学术适应顺利的建议，进而促进我国来华留学教育质量的提高。

（一）研究问题

基于上述背景，本文以来我国高校攻读硕士、博士学位的留学研究生为研究对象，调研了来华留学研究生学术适应的总体情况及影响因素，并提出了促进来华留学研究生学术适应顺利的政策建议。主要回答了两大问题：其一，来华留学研究生学术适应总体情况如何？其二，来华留学研究生的学术适应受到哪些因素的影响？如性别、年龄、现攻读学位、国籍所在的洲；来华前对中国的了解程度、来华前已有海外留学经历；留学资金来源；专业教学语言、现有汉语水平；与中国学生一起上课是否影响来华留学研究生的学术适应？心理适应及跨文化敏感度对其学术适应产生怎样的影响？

（二）研究意义

在实践层面，有利于探寻提质增效的可行方法。本文采用问卷调查的方式调研来华留学研究生学术适应情况，借助相关理论并结合以往研究分析来华留学研究生学术适应的影响因素。基于实证调研的分析结果有利于我国高校及相关部门了解来华留学研究生学术适应情况，为其政策的制定、机构的设置等提供参考，找到来华留学研究生教育提质增效的可行方法。

在理论层面，有利于为研究来华留学研究生提供新工具和新视角。本文基于 Tinto 高校辍学理论模式，并在借鉴其他学术（学习、学业）适应量表的基础上，编制了专门调研来华留学研究生群体学术适应的量表，该量表为来华留学研究生学术适应研究工具的编制提供参考。此外，还试图分析心理适应及跨文化敏感度对留学研究生学术适应的影响情况，为留学研究生学术适应的影响因素研究提供新的分析视角。

（三）研究思路

1. 文献回顾

围绕研究问题，综述国内外留学研究生学术适应的研究，以此梳理来华留学研究生学术适应过程中可能遇到的问题，为量表开发找到理论基础。

2. 问卷开发及选用

基于 Tinto 高校学生辍学理论模式并参考已有研究设计来华留学研究生学术适应量表，该量表由课程学习、科研训练及学术交流三个维度组成，并用 144 份前测数据对量表进行修正，检验其信效度。并根据本文对心理适应及跨文化敏感度的概念界定选用了一般健康量表及跨文化敏感度量表，同样用前测数据对量表进行信效度检验。

3. 问卷调查

以浙江两所高校、上海及重庆各一所高校的留学研究生为调研样本，采用线上（借用专业问卷调查平台“问卷星”）、线下（研究者自行发放、收集、筛选）两种形式进行调研。

4. 统计分析

使用 SPSS 23.0 统计软件对数据进行描述性统计、独立样本 T 检验、单因素方差分析、Pearson 相关分析以及多元线性回归分析；AMOS 23.0 统计软件用于量表的验证性因素分析。

5. 结论与讨论

借用文化差异理论、我国高校留学研究趋同教学管理培养模式以及教育的同伴效应等理论并借助与该主题相关的实证研究分析研究结论。

6. 对策建议

基于调研结果及讨论分析，针对招收来华留学研究生的高校，提出了促进留学研究生学术适应顺利的对策建议。

本文技术路线如图 2 所示。

（四）问卷调查法

1. 问卷开发、选用及其信效度

本文采用来华留学研究生学术适应调查问卷，该问卷由四个部分组成。

第一部分：学术适应量表。该量表由研究者自行编制。立足 Vincent Tinto 高校学生辍学理论模式（A Longitudinal Model of Conceptual of Dropout），并在参考 Dunn（2006）、朱国辉（2011）、文雯等（2014）关于留学生学术经历、学术适应的量表的基础上编写而成。量表由课程学习、科研训练、学术交流三个维度组成。问卷设计完成后，由研究者翻译成英文。出于项目编制有效性及英文翻译准确性的考虑，于 2018 年 12 月 9 日对全英文授课的 4 位留学研究生进行了访谈（两位研一学生、两位研二学生），参与者在研读问卷的题项后给出了修改意见。研究者据此增加了提及较多的与研究方法相关的题项——使用恰当的研究方法进行研究（Employing Appropriate Research Methods to Conduct Research）。此外，还更正了若干英文表述——将 Adapting to the Instruction Methods of My Supervisor 改为 Conducting Research Under the Instruction of My Supervisor（Thesis Topic Selection，Research Design，etc.）；

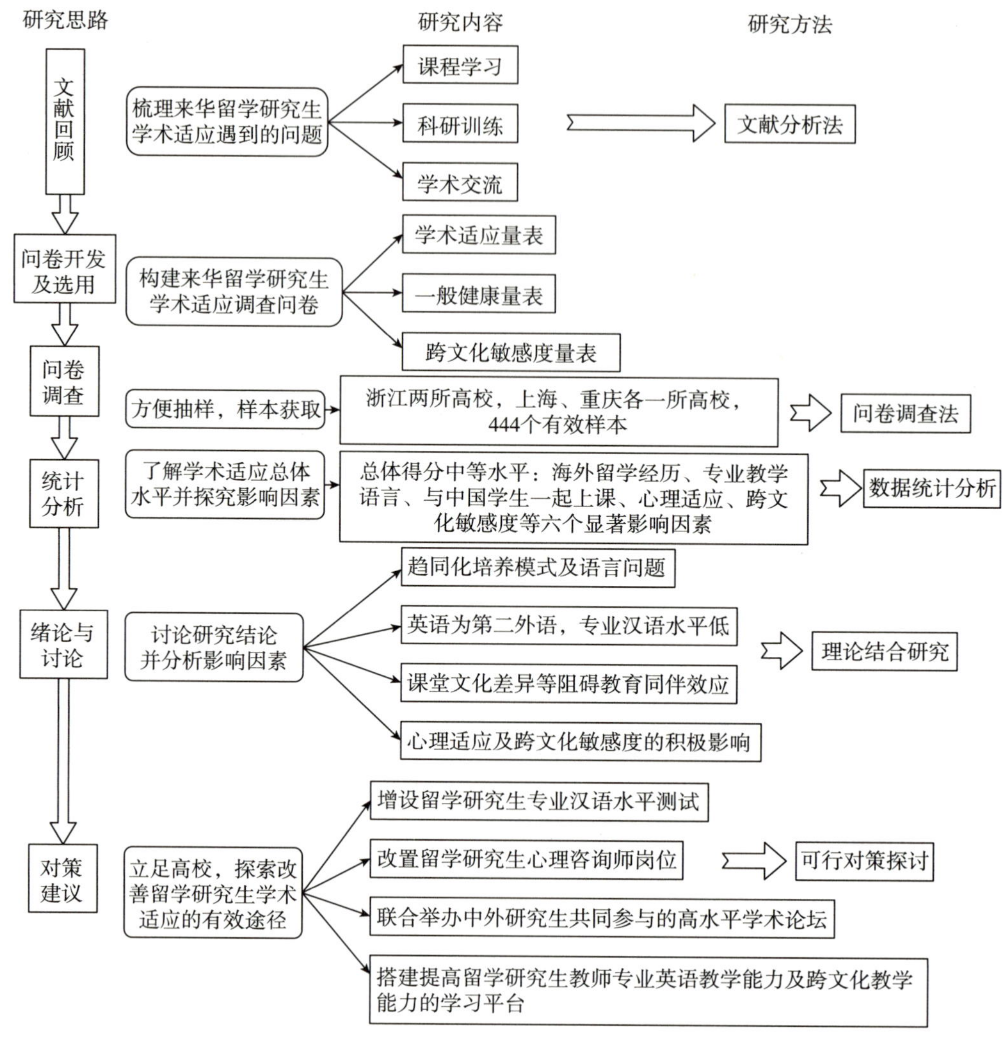

图2　本文技术路线

将 Classroom Teachers 改为 Course Instructors，将 Co – nationals 改为 Country – mates。在听取两位比较教育学硕士生导师、两位留学研究生任课教师的意见下定稿。学术适应量表采用李克特五点计分，“1”为1分，表示“非常困难”；“5”为5分，表示“没有任何困难”。分数越高表明来华留学研究生的学术适应困难越小，适应越好。前测数据表明，来华留学研究生学术适应量表在本文中的信效度满足统计学要求。

第二部分：一般健康量表。根据本文对来华留学研究生心理适应的概念界定，选用 Goldberg（1972）编制的一般健康量表（General Health Questionnaire，GHQ12）测量其心理适应。严文华等在一项美国留学生在中国的跨文化适应研究中使用了该量表，用其测量来华美国留学生跨文化适应过程中的心理状态。一般健康量表在该研究中的信效度为0.80，信效度较好。一般健康量表采用李克特四点计分，“1”为1分，表示“持续这样”；“4”为4分，表示“从不这样”。分数越高，表明来华留学研究生的心理状态越好，心理适应也就越好。前测数据表明，心理适应量表在本文中的信效度满足统计学要求。

第三部分：跨文化敏感度量表。根据本文对来华留学研究生跨文化敏感度的概念界定，选用修正后的跨文化敏感度量表（Intercultural Sensitivity Scale，ISS）测量其跨文化敏感度。跨文化敏感度量表采用李克特五点计分，“1”为1分，表示“强烈不同意”；“5”为5分，表示“强烈同意”。分数越高表明来华留学研究生的跨文化敏感度越高。前测数据表明，跨文化敏感度量表在本文中的信效度满足统计学要求。

第四部分：人口统计学信息，包括性别、年龄、现攻读学位、国籍所在的洲、留学资金来源、来华前对中国的了解程度、来华前已有的海外留学经历、专业教学语言、现有汉语水平、是否与中国学生一起上课10个题项。

在确定研究工具后，研究者通过发放纸质及线上问卷进行了预调研。预调研时间为2019年5月，预调研共发放问卷200份，根据非留学研究生填写、漏填、规律性填写等准则剔除无效问卷，最终回收有效问卷144份，回收率为72%。其中纸质问卷120份（83.3%），网络问卷24份（16.7%）。研究者用144份数据对三份量表进行了信效度检验，信效度检验指标为克隆巴赫阿尔法系数；并通过结构效度检验量表的效度。如表2所示，三份量表的信效度都符合统计要求，可用于正式调研。需要指出的是，研究者对自行编制的学术适应量表也通过了信效度检验。探索性因子分析得到三个因子并验证了理论假设，分别是课程学习、科研训练、学术交流，三个因子的总解释率为56.46%。

表2 三份量表的信效度检验

	学术适应量表	一般健康量表	跨文化敏感度量表
Cronbach's Alpha	0.776	0.702	0.705
χ^2/df	1.522	1.821	1.662
CFI	0.936	0.861	0.916
IFI	0.939	0.870	0.919
GFI	0.933	0.911	0.894
RMSEA	0.072	0.076	0.068
RMR	0.060	0.059	0.092

2. 正式调研的实施

本文的正式调研采用整群随机抽样法，以浙江两所及上海、重庆各一所高校的留学研究生为调研对象。抽取这四所大学的留学研究生为研究对象的原因有三：

（1）综合考虑“双一流”大学与非“双一流”建设高校的代表性。是否为“双一流”建设高校在来华留学研究生生源、培养模式等方面存在差异。教育部、财政部、国家发展改革委于2017年9月21日联合发布了《关于公布世界一流大学和一流学科建设高校及建设学科名单的通知》，首批“双一流”建设高校共计140所，① 4所高校中两所为“双一流”高校，两所为非“双一流”高校，为增加抽样样本的代表性，研究者以这4所高校的留学研究生为研究对象。

（2）研究对象进一步聚焦。现有研究较多立足某一高校，将包括学历生（来华攻读学士、硕士、博士）、语言生、短期生在内的群体作为研究对象，探究其学术适应问题。一所高校较难代表全国所有高校的情况，研究结论的效度受到影响。笼统地将来华留学生整体作为研究对象，忽视了不同层次留学生学术适应的具体差异，较难发现具体问题。为克服以上局限，本文进一步聚焦研究对象，以上述4所不同类别高校攻读硕士、博士学位的留学生为研究对象。

（3）方便抽样。研究者为浙江省某高校的在读硕士研究生，通过参与留学研究生课外活动、课堂教学等方式与本校的留学研究生保有联系，并通过“滚雪球”的方式认识到上述其他高校的留学研究生，具备整群随机抽样的条件，这在一定程度上保证了样本的可获得性。

正式调研于2019年5～10月在浙江的两所大学及上海的一所、重庆的一所大学中进行。正式调研的问卷有中、英文两个版本，由研究者及调研小组成员前往留学研究生教室、公寓，咖啡厅、食堂等场所发放纸质问卷，以及通过“问卷星”发送问卷链接两种形式收集样本。正式调研共收到问卷521份，剔除无效问卷后回收有效问卷444份，回收率为85.2%。其中纸质问卷336份（75.7%），网络问卷108份（24.3%）。

（五）研究样本

调研样本的基本信息统计如表3所示。

表3　调研样本的基本信息

变量	类别	样本量（份）	占比（%）
性别	男	302	68.0
	女	142	32.0
年龄	18～23岁	18	4.1
	24～29岁	216	48.6
	30～35岁	154	34.7
	36～40岁	44	9.9
	40岁以上	12	2.7

① 中华人民共和国教育部．教育部、财政部、国家发展改革委关于公布世界一流大学和一流学科建设高校及建设学科名单的通知［EB/OL］．（2017－09－21），http：//www.moe.gov.cn/srcsite/A22/moe_843/201709/t20170921_314942.html.

续表

变量	类别	样本量（份）	占比（%）
现攻读学位	硕士	220	49.5
	博士	224	50.5
国籍所在的洲	亚洲	240	54.1
	美洲	28	6.3
	非洲	155	34.9
	大洋洲	4	0.9
	欧洲	17	3.8
留学资金来源	中国政府奖学金	253	57.0
	商务部奖学金	76	17.1
	当地政府奖学金	17	3.8
	就读学校奖学金	46	10.4
	孔子学院奖学金	11	2.5
	其他奖学金	24	5.4
	自费	17	3.8
来华前对中国的了解程度	非常了解	42	9.5
	一般	168	37.8
	很不了解	234	52.7
来华前已有海外留学经历	≥12 个月	89	20.0
	3～12 个月	63	14.2
	≤3 个月	63	14.2
	从来没有	229	51.6
专业教学语言	汉语	63	14.2
	英语	298	67.1
	汉语和英语	78	17.6
	其他	5	1.1
现有汉语水平	很好	39	8.8
	一般	159	35.8
	很差	246	55.4
是否与中国学生一起上课	是	298	67.1
	否	146	32.9

由表3可知，在444份有效样本中，男生居多，占比68%。以24～29岁的学生为主，占比48.6%。在读硕士、博士人数相当，分别为49.5%、50.5%。亚洲的学生占比最大，为54.1%，其次是非洲的学生，占比34.9%，只有0.9%的学生来自大洋洲。绝大部分学生（96.2%）获得了奖学金，其中获得中国政府奖学金

的学生人数最多，只有3.8%的学生没有奖学金。52.7%的学生来华对中国很不了解。超过一半的学生（51.6%）来华前没有海外留学经历。专业教学语言为英语的占比最大，为67.1%。调研对象现有的汉语水平普遍很差，占比55.4%。67.1%与中国学生一起上课。

三、数据分析与发现

由统计分析可知，来华留学研究生学术适应得分整体处于中等水平，只有性别、来华前已有的海外留学经历、专业教学语言以及是否与中国学生一起上课显著影响来华留学研究生的学术适应。心理适应及跨文化敏感度与学术适应呈现显著正向中相关关系，而且心理适应对学术适应的解释力更大。

（一）来华留学研究生学术适应得分整体处于中等水平

为了解来华留学研究生学术适应的总体情况，对444份调研样本在学术适应及其各维度上得分的均值及标准差等进行了描述性统计。如前所述，学术适应量表为李克特五点计分量表，也就是说每个题项最小值是1分，最大值为5分，中间临界值为3分。调研样本的统计结果如表4所示。

表4　来华留学研究生学术适应描述性统计

	个案数	最小值	最大值	平均值	标准差	方差
课程学习	444	1.00	5.00	3.6554	0.91517	0.838
科研训练	444	1.00	5.00	3.5308	0.97024	0.941
学术交流	444	1.00	5.00	3.8367	0.84647	0.717
总体学术适应	444	1.45	5.00	3.6873	0.73560	0.541

由表4可知，来华留学研究生学术适应最高得分为5分；最低得分为1.45分，低于中等临界值3分。学术适应的总均值为3.6873，表明来华留学研究生学术适应得分整体处于中等水平。为了进一步比较来华留学研究生在学术适应三维度上的差异，对三维度得分进行了配对样本T检验，统计结果如表5所示。

表5　来华留学研究生课程学习、科研训练、学术交流配对样本T检验

		平均值	标准差	T值	自由度	显著性（双尾）
配对1	课程学习—科研训练平均值	0.12462	0.97423	2.695	443	0.007
配对2	课程学习—学术交流平均值	-0.18131	0.90572	-4.218	443	0.000
配对3	科研训练—学术交流平均值	-0.30593	0.88755	-7.263	443	0.000

由表5可知，课程学习与科研训练（p=0.007）、课程学习与学术交流（p=0.000）、科研训练与学术交流（p=0.000）的平均值差异均达到了显著水平（p<0.05）。学术交流均值显著高于课程学习和科研训练的均值，而课程学习均值又显著高于科研训练的均值。由此可见，在三维度中来华留学研究生科研训练得分最低。此外，学术适应各题项的得分均值如图3所示。

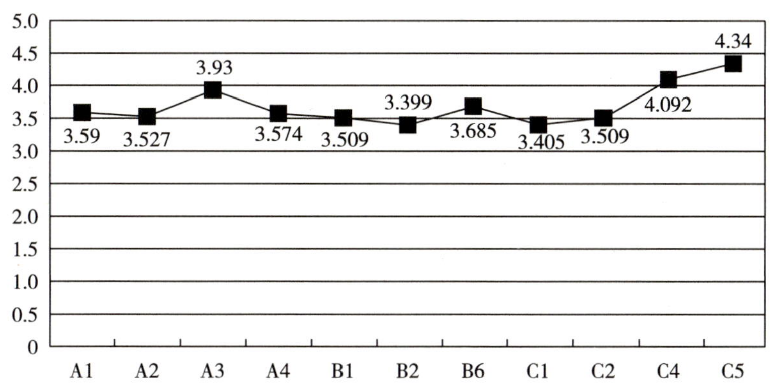

图3　来华留学研究生学术适应各题项平均值折线图

由图3可知，留学研究生学术适应各题项得分，排在前三的是C5“与自己国家学生探讨学术问题”；C4“与其他外国学生探讨学术问题”；A3“按时完成作业”。而排在末三位的是B1“在导师的指导下进行研究（完成毕业论文选题、研究设计等）”；C1“参加学术交流活动（学术会议、沙龙、讲座等）”；B2“使用恰当的研究方法进行研究”。由此可见，来华留学研究生在研究方法训练、导师指导及参加学术交流活动上得分较低。

（二）来华不同群体留学研究生的学术适应存在显著差异

来华前已有海外留学经历不同、专业教学语言不同以及有或没有与中国学生一起上课的男女留学研究生学术适应存在显著差异。

1. 男生学术适应特别是学术交流的得分显著高于女生

为了分析“性别”对来华留学研究生学术适应的影响，对男女学生学术适应及其各维度的均值进行了独立样本T检验，统计结果如表6所示。

表6　来华留学研究生学术适应性别差异独立样本T检验

维度	性别	样本量	平均值	标准差	T值	显著性
课程学习	男	302	3.6978	0.89362	1.427	0.154
	女	142	3.5651	0.95635		

续表

维度	性别	样本量	平均值	标准差	T 值	显著性
科研训练	男	302	3.5883	0.98836	1.827	0.068
	女	142	3.4085	0.92201		
学术交流	男	302	3.8957	0.80041	2.039	0.043
	女	142	3.7113	0.92746		
总体学术适应	男	302	3.7399	0.72132	2.206	0.028
	女	142	3.5755	0.75555		

由表6可知，从平均值看，男生课程学习、科研训练、学术交流以及总体学术适应的得分均高于女生。而且男女生在学术交流（$p=0.043<0.05$）以及总体学术适应（$p=0.028<0.05$）方面存在显著的性别差异，男生的学术交流得分显著高于女生；男生总体学术适应得分也显著高于女生。但在课程学习（$p=0.154$）、科研训练（$p=0.068$）维度不存在显著性别差异（$p>0.05$）。

2. 有3个月以下留学经历者学术适应得分显著高于有3~12个月留学经历者

为了分析“来华前已有的海外留学经历”对来华留学研究生学术适应的影响，对已有海外留学经历不同的学生学术适应及其各维度的均值进行了单因素方差分析（ANOVA），统计结果如表7所示。

表7 来华前已有海外留学经历不同的留学研究生学术适应单因素方差分析

维度	已有海外留学经历	样本量	平均值	标准差	F 值	显著性
课程学习	≥12 个月	89	3.5365	0.97813	2.369	0.070
	3~12 个月	63	3.4524	1.00187		
	≤3 个月	63	3.7817	0.83701		
	无	229	3.7227	0.87676		
科研训练	≥12 个月	89	3.5318	1.05854	2.380	0.069
	3~12 个月	63	3.2593	0.83483		
	≤3 个月	63	3.4762	0.83755		
	无	229	3.6201	0.99353		
学术交流	≥12 个月	89	3.8933	0.87572	1.773	0.152
	3~12 个月	63	3.6151	0.86232		
	≤3 个月	63	3.9087	0.77810		
	无	229	3.8559	0.84421		
总体学术适应	≥12 个月	89	3.6650	0.75510	2.649	0.048
	3~12 个月	63	3.4589	0.75522		
	≤3 个月	63	3.7446	0.63508		
	无	229	3.7432	0.74019		

由表7可知，来华前已有海外留学经历不同的留学研究生在课程学习（p=0.070）、科研训练（p=0.069）以及学术交流（p=0.152）上没有显著差异（p>0.05），但在总体学术适应上差异显著（p=0.048<0.05）。为了了解具体差异情况，采用LSD法对存在显著差异的总体学术适应进行事后检验，统计结果如表8所示。

表8 来华前已有海外留学经历不同的留学研究生总体学术适应LSD多重比较分析

因变量	(I) 已有海外留学经历	(J) 已有海外留学经历	平均值差值 (I-J)	标准误差	显著性
总体学术适应	≥12个月	3~12个月	0.20609	0.12045	0.088
		≤3个月	-0.07962	0.12045	0.509
		无	-0.07819	0.09138	0.393
	3~12个月	≥12个月	-0.20609	0.12045	0.088
		≤3个月	-0.28571*	0.13034	0.029
		无	-0.28428*	0.10407	0.007
	≤3个月	≥12个月	0.07962	0.12045	0.509
		3~12个月	0.28571*	0.13034	0.029
		无	0.00144	0.10407	0.989
	无	≥12个月	0.07819	0.09138	0.393
		3~12个月	0.28428*	0.10407	0.007
		≤3个月	-0.00144	0.10407	0.989

注：*表示平均值差值的显著性水平为0.05。

由表8可知，来华前已有3个月以下海外留学经历的留学研究生其总体学术适应均值显著高于有3~12个月海外留学经历的学生（p=0.029<0.05）；来华前没有海外留学经历的留学研究生其总体学术适应均值显著高于有3~12个月海外留学经历的学生（p=0.007<0.01）。也就是说，有3个月以下留学经历的学生总体学术适应得分显著高于有3~12个月留学经历的学生。

3. 专业教学语言为英语者学术适应特别是课程学习得分显著高于为汉语者

为了分析“专业教学语言”对来华留学研究生学术适应的影响，对不同专业教学语言学生学术适应及其各维度的均值进行了单因素方差分析，统计结果如表9所示。

表9 专业教学语言不同的来华留学研究生学术适应单因素方差分析

维度	专业教学语言	样本量	平均值	标准差	F值	显著性
课程学习	汉语	63	3.3056	0.90188	5.693	0.001
	英语	298	3.7685	0.89027		
	汉语和英语	78	3.5385	0.95012		
	其他	5	3.1500	0.67546		

续表

维度	专业教学语言	样本量	平均值	标准差	F 值	显著性
科研训练	汉语	63	3.4286	0.87668	1.900	0.129
	英语	298	3.5570	0.96937		
	汉语和英语	78	3.5726	1.04156		
	其他	5	2.6000	0.59628		
学术交流	汉语	63	3.7897	0.90274	1.737	0.159
	英语	298	3.8213	0.82582		
	汉语和英语	78	3.9744	0.87682		
	其他	5	3.2000	0.59687		
总体学术适应	汉语	63	3.5152	0.75568	2.919	0.034
	英语	298	3.7300	0.70569		
	汉语和英语	78	3.7063	0.81006		
	其他	5	3.0182	0.54697		

由表9可知，专业教学语言不同的留学研究生在科研训练（$p=0.129$）以及学术交流（$p=0.159$）上没有显著差异（$p>0.05$），但在课程学习（$p=0.001<0.01$）及总体学术适应（$p=0.034<0.05$）上差异显著。为了了解具体差异情况，采用LSD法对存在显著差异的课程学习及总体学术适应进行事后检验，统计结果如表10所示。

表10　不同专业教学语言留学研究生总体学术适应LSD多重比较分析

因变量	(I) 专业教学语言	(J) 专业教学语言	平均值差值 (I-J)	标准误差	显著性
课程学习	汉语	英语	-0.46290*	0.12493	0.000
		汉语和英语	-0.23291	0.15262	0.128
		其他	0.15556	0.41861	0.710
	英语	汉语	0.46290*	0.12493	0.000
		汉语和英语	0.22999*	0.11459	0.045
		其他	0.61846	0.40629	0.129
	汉语和英语	汉语	0.23291	0.15262	0.128
		英语	-0.22999*	0.11459	0.045
		其他	0.38846	0.41564	0.350
	其他	汉语	-0.15556	0.41861	0.710
		英语	-0.61846	0.40629	0.129
		汉语和英语	-0.38846	0.41564	0.350

续表

因变量	(I) 专业教学语言	(J) 专业教学语言	平均值差值 (I－J)	标准误差	显著性
总体学术适应	汉语	英语	－0.21487*	0.10135	0.035
		汉语和英语	－0.19114	0.12380	0.123
		其他	0.49697	0.33958	0.144
	英语	汉语	0.21487*	0.10135	0.035
		汉语和英语	0.02372	0.09296	0.799
		其他	0.71184*	0.32959	0.031
	汉语和英语	汉语	0.19114	0.12380	0.123
		英语	－0.02372	0.09296	0.799
		其他	0.68811*	0.33717	0.042
	其他	汉语	－0.49697	0.33958	0.144
		英语	－0.71184*	0.32959	0.031
		汉语和英语	－0.68811*	0.33717	0.042

注：*表示平均值差值的显著性水平为0.05。

由表10可知，专业教学语言为英语的留学研究生，其课程学习均值显著高于专业教学语言为汉语的学生（$p = 0.000 < 0.01$）以及英汉双语的学生（$p = 0.045 < 0.05$）。专业教学语言为英语的留学研究生，其整体学术适应得分显著高于为汉语的学生（$p = 0.035 < 0.05$），也显著高于为其他语言的学生（$p = 0.031 < 0.05$）。专业教学语言为英汉双语的学生，其整体学术适应得分显著高于为其他语言的学生（$p = 0.042 < 0.05$）。

4. 不与中国学生上课留学研究生课程学习得分显著高于与中国学生上课者

为了分析“是否与中国学生一起上课”对来华留学研究生学术适应的影响，对有及没有与中国学生一起上课留学研究生学术适应及其各维度的均值进行了独立样本T检验，统计结果如表11所示。

表11　有/没有与中国学生一起上课留学研究生学术适应独立样本T检验

维度	是否与中国学生一起上课	样本量	平均值	标准差	T值	显著性
课程学习	是	298	0.5294	0.93709	－4.434	0.000
	否	146	0.9127	0.81293		
科研训练	是	298	0.5414	0.97709	0.329	0.742
	否	146	0.5091	0.95908		
学术交流	是	298	0.8498	0.86523	0.466	0.641
	否	146	0.8099	0.80906		

续表

维度	是否与中国学生一起上课	样本量	平均值	标准差	T 值	显著性
总体学术适应	是	298	0.6492	0.77150	-1.657	0.098
	否	146	0.7653	0.65187		

由表 11 可知，与中国学生一起上课的留学研究生以及没有与中国学生一起上课的留学研究生在科研训练（$p = 0.742 > 0.05$）、学术交流（$p = 0.641 > 0.05$）以及总体学术适应（$p = 0.098 > 0.05$）上的均值没有显著差异（$p > 0.05$），但在课程学习上存在显著差异（$p = 0.000 < 0.01$），没有与中国学生一起上课的留学研究生，其课程学习的均值显著高于与中国学生一起上课的留学研究生。

（三）心理适应及跨文化敏感度显著正向影响来华留学研究生的学术适应

为了分析来华留学研究生心理适应及跨文化敏感度对其学术适应的影响情况，本文进行了 Person 相关分析及多元线性回归分析。由皮尔逊相关系数及显著性（双尾）可知（见表 12），心理适应与课程学习、科研训练及学术交流呈现显著的正向低相关关系；而与总体学术适应呈现显著正向中相关关系，相关系数为 0.435，$p < 0.01$。同样，跨文化敏感度与课程学习、科研训练及学术交流呈现显著的正向低相关关系；而与总体学术适应呈现显著正向中相关关系，相关系数为 0.414，$p < 0.01$。

表 12　来华留学研究生心理适应及跨文化敏感度与其学术适应的相关分析

		课程学习	科研训练	学术交流	总体学术适应
心理适应	Pearson 相关系数	0.363**	0.350**	0.346**	0.435**
	显著性（双尾）	0.000	0.000	0.000	0.000
跨文化敏感度	Pearson 相关系数	0.392*	0.223**	0.374**	0.414**
	显著性（双尾）	0.000	0.000	0.000	0.000

注：* 表示 $p > 0.01$，** 表示 $p < 0.01$。

通过上述皮尔逊相关分析可知，心理适应及跨文化敏感度均与学术适应呈现正向中相关关系。为进一步探索心理适应及跨文化敏感度对学术适应影响程度的大小，将心理适应、跨文化敏感度作为自变量，学术适应作为因变量进行了多元线性回归，统计结果如表 13 所示。

表 13　来华留学研究生心理适应及跨文化敏感度与其学术适应的回归分析

模型		未标准化系数		标准化系数	t	显著性	共线性统计		样本独立
		B	标准误差	Beta			容差	VIF	D－W检定
学术适应	（常量）	0.802	0.236		3.406				
	心理适应	0.514	0.071	0.321	7.208				
	跨文化敏感度	0.367	0.057	0.288	6.452				
R＝0.509　R^2＝0.259　调整后 R^2＝0.256　F＝77.017　p＝0.000									

由表 13 可知，回归 F 值为 77.017（$p<0.001$），说明模型的总体回归效果达到了显著水平。两个解释变量的标准化回归系数均为正值，说明它们对学术适应产生了正向影响。从非标准化回归系数的显著性来看，心理适应（$p<0.001$）、跨文化敏感度（$p<0.001$）对学术适应产生了显著的影响。从标准化系数看，心理适应的解释力大于跨文化敏感度。R^2 值为 0.256，说明心理适应及跨文化敏感度共可解释学术适应 25.6% 的变异量。

四、研究结论与讨论

来华留学研究生趋同化的培养模式；英语为第二外语的优势以及留学研究生专业汉语能力的缺乏；身份及课堂文化等差异的存在阻碍了教育同伴效应的发挥等是留学研究生出现学术适应困境的可能原因。而且心理适应的积极影响以及高水平的跨文化敏感度有利于留学研究生的学术适应。

（一）来华留学研究生科研训练的适应难度大

来华留学研究生科研训练维度的得分显著低于学术交流及课程学习维度的得分。由此可见，来华留学研究生科研训练的适应存在较大困难，尤其表现在研究方法训练、指导教师指导以及参加学术交流活动上。

留学研究生“趋同化”的培养模式加大了学生科研训练的适应难度。来华留学研究生科研训练的适应与留学研究生导师的培养模式紧密相关。我国学历留学生教育起步较发达国家晚，现阶段大部分普通高校均采用趋同管理培养模式，① 由于缺乏留学研究生指导经验，研究生指导教师对留学研究生的培养主要参照对中国本

① 付洪利，刘和忠，曲永印，吕永震．趋同特质结合　探索地方高校来华留学生教育模式［J］．中国高等教育，2013（Z2）：63－65.

土学生的培养方式，缺乏针对留学研究生的个性化培养与指导方案。① 由文化差异理论可知，来华留学研究生与国内研究生在语言、文化、学术背景等诸多方面存在差异。受差异影响，留学研究生较难适应趋同化的培养模式，势必在科研训练上遇到困难。此外，有调研指出，来华留学研究生对参加各类学术会议有较高期望，但是受安全、经费资助、签证办理等因素的影响，导师所提供的学术会议机会不能满足他们的实际需求。② 可以说，学术交流机会的不足可能是造成留学研究生较难参加学术交流活动的原因。

师生双方的语言问题是留学研究生科研训练难度大的另一原因。来华留学生的汉语水平特别是专业汉语水平普遍不高，这阻碍了其中文献资料的获取、阅读与理解，更不利于其与指导教师的交流，造成科研训练难度大。另外，高校英语水平高的留学研究生教师缺口较大，指导教师自身英语能力的缺乏，不能很好地发挥其指导作用，这也增大了留学研究生科研训练的难度。

（二）专业教学语言为英语者课程学习及总体学术适应难度小于为汉语者

专业教学语言为英语的留学研究生其课程学习维度及总体学术适应得分显著高于汉语授课的学生。也就是说，专业教学语言为英语的留学研究生学术适应特别是课程学习适应难度小于为汉语的学生。

英语为第二外语的优势以及留学研究生专业汉语能力的缺乏是上述结果可能的原因。大多数来华留学生的汉语水平较低，英语是第二语言，以英语作为来华留学生课程主要授课语言可以降低其学习难度。③ 因此，对于这部分学生而言，以英语为专业教学更有利于其课程学习的适应。

那么，是不是汉语水平高的学生以汉语为专业教学语言，其课程学习的适应难度就小呢？结果并非如此。有调研发现，专业教学语言为汉语的学生，即使达到了HSK 4 级、5 级入学水平，在专业学习过程中依旧存在较大障碍。④ 本调研发现也证实了这一现象，“现有汉语水平”并没有显著影响来华留学研究生的学术适应，甚至出现汉语水平越高，留学研究生学术适应及其各维度得分越低的情况。

究其原因，一是留学生汉语学习时间短；二是留学生专业汉语能力的缺乏。除学习中文专业的留学生外，大多数学生仅有一年的汉语学习时间，其能力水平不能满足专业课学习的要求。再加上部分专业课程授课教师的普通话带有地方口音，加

① 陈丽，袁雯静，李爽. 范式转换视角下来华留学研究生教育对策研究［J］. 学位与研究生教育，2018（9）：45 –52.

② 程伟华，张海滨，董维春. “双一流”建设背景下来华留学研究生教育质量研究——基于学生发展理论［J］. 学位与研究生教育，2019（1）：64 –71.

③ Andrade M S. International students in english – speaking universities［J］. Journal of Research in International Education，2006（5）：131 –154.

④ 朱萍，巩雪. 来华留学研究生学术能力影响因素分析及应对策略［J］. 江苏高教，2016（5）：96 –99.

大了留学生专业课学习的语言障碍。① 另外，我国高校留学研究生入学的语言要求多数参照国际汉语能力标准化考试（HSK）成绩。HSK 考试重在考查汉语非第一语言的考生在生活、学习和工作中运用汉语进行交际的能力，② 并没有涉及留学研究生专业汉语能力的考查。因此，即使有些留学研究生 HSK 等级很高，其专业汉语能力依旧缺乏。而专业汉语能力正是来华留学研究生学术适应顺利的必备素养。

（三）没有与中国学生一起上课的学生课程学习适应难度小

没有与中国学生一起上课的留学研究生，其课程学习维度的得分显著高于与中国学生一起上课的学生。也就是说，没有与中国学生一起上课的学生课程学习的适应难度较小。

身份及课堂文化等差异的存在阻碍了教育同伴效应的发挥。随着我国高等教育国际化程度的提高，中外学生一起参与的跨文化课堂逐渐增多。理想的跨文化课堂有利于在留学生群体中发挥教育同伴效应。中外学生能够互相帮助、互相指导；学生天生的能力也能通过知识的外溢效应等影响同伴。③ 这种影响可能会帮助来华留学研究生适应中国高校的课程学习。但是，根据 Winston 和 Zimmerman（2019）的观点，个人的行为受到其他人与自身相互作用的影响，且这些人必须是与个体具有相同或相似地位的同群者，同伴效应才能发挥。从来源国看，留学研究生与东道国高校的学生并不属于一类群体，两类学生的身份存在差异。而且，由于文化差异的存在，中外学生的课程学习差别较大。有研究表明，在跨文化课堂互动中留学生表现出明显的兴趣导向，而中国学生则以功利导向为主；在课堂合作中，中国学生追求和谐，而留学生表现出强烈的权利平等意识。④ 由此可见，由于身份的差异以及课堂文化的差异，教育的同伴效应较难发挥作用，反而是不与中国学生一起上课的留学研究生课程适应难度小。

（四）心理适应越好、跨文化敏感度越高的学生学术适应难度越小

心理适应及跨文化敏感度均与留学研究生的学术适应呈现显著正向中相关关系，而且相比跨文化敏感度，心理适应对学术适应的解释力更大。也就是说，来华留学研究生的心理适应越好、跨文化敏感度越高，其学术适应的难度越小。

心理适应的积极影响有利于提高留学生的学术适应。本文与 Elena（2018）的

---

① 刘婷，沈蓉，叶昕媛．“一带一路”背景下来华留学生汉语教学改革思考［J］．教育文化论坛，2019，11（3）：73－76.

② 孔子学院总部/国家汉办汉语考试·HSK［EB/OL］．［2019－12－17］，http：//www.hanban.org/tests/node_ 7486.htm.

③ Hoxby C M，Weingarth G. Taking race out of the equation：School reassignment and the structure of peer effects［EB/OL］．［2019－12－17］，http：//citeseerx.ist.psu.edu/viewdoc/download；jsessionid＝7A3EDE0AD9F93410B8C9AA95D0DC8908？doi＝10.1.1.75.4661&rep＝rep1&type＝pdf.

④ 魏先鹏．微观环境下跨文化适应研究［D］．华南理工大学，2013：84－86.

研究结果相悖，其对来华俄罗斯留学生跨文化适应的调研发现，留学生的心理适应与学术适应并不呈现显著正相关关系；但是与 Gugulethu（2014）的研究结果相近，在中国求学的南非留学生心理适应与其学业成绩存在正相关关系，心理适应越好，其学业成绩越高。Tonsing（2013）强调了心理适应正面及负面影响的重要性。心理适应的负面影响是带来抑郁、社交疏离感、身份困惑、焦虑以及身心上的一些症状，① 这些症状严重影响了学生的学业成就。② 而积极影响包括清晰的个人及文化认同、高自尊、良好的心理健康并能获得有效的文化和社交技能，③ 身心健康状况越好的学生学业成绩也越好。因此可以说，心理适应的积极影响有利于留学生的学术适应，但留学生心理适应的负面影响也应受到重视。

跨文化敏感度越高，学生的交际能力越好，进而促进学术适应。文雯等（2014）的研究表明，人际互动在很大程度上影响了在华留学生的社会文化适应。特别指出，国际学生与中国师生互动越好，越能更好地完成社会文化适应。Sarwari 等（2017）调研也表明，跨文化敏感度有利于促进学生参与跨文化交际，而且跨文化交际能力的提升有利于促进学生有效互动，跨文化敏感度越高，其学术适应越好。④

五、对策建议

基于调研结果及讨论分析，本书针对招收来华留学研究生的高校提出了促进留学研究生学术适应顺利的对策建议。高校应该增设留学研究生专业汉语水平测试、设置留学研究生心理咨询师岗位、联合举办中外研究生共同参与的高水平学术论坛；搭建提高留学研究生教师专业英语教学能力及跨文化教学能力的学习平台。

（一）高校应该增设留学研究生专业汉语水平测试

受趋同化培养模式及语言等的影响，来华留学研究生科研训练的适应难度较大。我国高校尚未重视留学研究生用于某种专业领域、特定范围及固定场合的专业汉语水平，即使通用汉语较好的学生，其课程学习依旧会遇到很多困难。在提质增效的时代，高校有必要提高留学研究生招生的语言门槛，重视学生的专业汉语能力。

高校应该增设留学研究生专业汉语水平测试。专业汉语水平测试应该分阶段、

---

① Berry J W. Immigration, acculturation, and adaptation ［J］. Applied Psychology, 1997, 46（1）：5－34.

② Vaez M, Laflamme L. Experience stress, psychological symptoms, self－rated health and academic achievement：A longitudinal study of swedish university students ［J］. Social Behavior and Personality, 2008, 36（2）：183－196.

③ Seda Sumer. International students' psychological and sociocultural adaptation in the United States ［D］. Ph. D. Dissertation, Georgia State University, 2009：67－83.

④ Laili Laurosana. 来华印尼留学生跨文化适应研究 ［D］. 华中师范大学，2018：43－44.

分群体有针对性地设置。首先，专业汉语水平测试应该贯穿留学研究生入学到毕业全过程。入学时，不同专业设置基础性的专业汉语水平测试，只有达到专业要求的学生才能入学。此外，留学研究生的期末考试中也需设置专业汉语水平测试，而且，专业汉语水平测试应该成为留学研究生毕业的要求。其次，不管专业教学语言是英语还是汉语的学生都需参加上述不同阶段的测试，但是考试难易程度可以有所不同。

（二）高校应该设置留学研究生心理咨询师岗位

留学研究生的心理适应越好，其学术适应难度越小。心理适应有正面及负面两方面的影响，留学研究生心理适应越好，越益发挥心理适应的正面影响，留学研究生的学术适应也越好。此外，留学研究生心理适应不好会遇到思乡、孤独等问题，严重的可能产生心理疾病，不仅影响学术适应，还会影响其身心健康。因此，留学研究生的心理适应应该受到重视。

高校应该设置留学研究生心理咨询师岗位，为留学生提供心理咨询服务。考虑到留学生群体的特殊性，高校留学研究生心理咨询师应同时具备较高的外语能力及跨文化交际能力，保障心理咨询服务的质量与效力，切实有效地改善留学研究生的心理适应，从而促进其学术适应。

（三）高校应该联合举办中外研究生共同参与的高水平学术论坛

来华留学研究生参加学术交流活动的机会较少；较难适应与中国学生一起上课。而且，留学研究生跨文化敏感度越高，其学术适应难度较小。

综合上述结论，我国高校应该联合举办中外研究生共同参与的高水平学术论坛。学术论坛按学科专业划分类别，每一学科专业的学术论坛由所有招收这一学科专业中外硕士、博士研究生的高校联合举办，会议形式可以包括学术论文汇报、基于某一论题的学术研讨、学术研究工作坊等，鼓励在我国高校就读的中外研究生共同参与。对于留学研究生而言，高校联合举办的中外研究生学术论坛为其提供了参与学术交流活动的机会。而且，参与多元文化交际有利于提高留学研究生的跨文化敏感度，进而改善其学术适应。

（四）高校应该搭建提高留学研究生教师专业英语教学能力及跨文化教学能力的学习平台

英语是大多数留学生的第二外语，专业教学语言为英语的留学研究生课程学习难度小于为汉语的学生；此外，受身份及课堂文化差异等的影响，与中国学生一起上课的留学研究生，课程学习的适应难度反而大。

专业教学语言为英语更利于留学研究生的课程学习，但也有研究发现，由于存在留学生任课教师英语发音、表达不准确，上课方式单一，不反馈课程作业等问题，留学研究生的课程学习依旧困难重重。可见，留学研究生专业英语教学能力有待提高。此外，跨文化课堂是高等教育国际化发展必然的产物。但由于文化差异的存在，留学研究生在有中国学生参与的课堂中课程学习适应难度较大；中国学生也有可能遇到相同的适应问题。因此，对于留学研究生教师而言，提高跨文化教学能力至关重要。

高校应该发挥主导作用，鼓励留学研究生教师重视并努力提高专业英语教学能力及跨文化教学能力，并在行动上为留学研究生教师提供相应的学习平台。邀请国内外相关专家，为留学研究生教师提供专业英语教学及跨文化教学工作坊，提供专业英语口语、写作相关的培训，为教师提供共同研讨跨文化教学设计等的机会。成立留学研究生教师专业英语教学及跨文化教学学习小组，鼓励学习小组成员定期交流教学经验，促进建设留学研究生教师专业英语教学及跨文化教学精品课堂，形成学习范本，发挥榜样的力量。

六、小结

本文基于促进留学研究生学术适应顺利是我国留学教育提质增效的现实之需，但基于留学研究生学术适应困难重重，高校留学生劝退事件频发等背景，设计来华留学研究生学术适应量表，问卷调查了浙江两所及上海、重庆各一所高校的444位留学研究生。调研结果显示，来华留学研究生学术适应总体处于中等水平，科研训练的适应难度较大。专业教学语言、是否与中国学生一起上课等显著影响留学研究生的学术适应。心理适应及跨文化敏感度均与留学研究生的学术适应呈现正向中相关关系，而且心理适应对学术适应的影响更大。来华留学研究生趋同化的培养模式；英语为第二外语的优势以及留学研究生专业汉语能力的缺乏；身份及课堂文化等差异的存在阻碍了教育同伴效应的发挥等是留学研究生学术适应存在难度的可能原因。本文提出了改善来华留学研究生学术适应的政策建议：高校应该增设留学研究生专业汉语水平测试、设置留学研究生心理咨询师岗位、联合举办中外研究生共同参与的高水平学术论坛、搭建提高留学研究生教师专业英语教学能力及跨文化教学能力的学习平台。

此外，研究存在以下局限。首先，以问卷调查为主，虽然总体的样本量达到了研究统计分析的需要，但在样本整体分布上依旧存在问题，未来的研究可以进一步扩大调研范围，以确保样本的代表性。其次，访谈调查可以弥补量化数据分析的缺陷，更深入地剖析研究问题。研究者虽尝试进行了访谈，但由于访谈提纲设计、访谈对象不足等问题，访谈调查的数据并未在本文中使用，后续研究可以进一步整理访谈提纲，有所针对地进行访谈调查，也可以参考国外留学研究生教育的相关研究，进一步充实讨论分析与对策建议。

参考文献

［1］ Bhawuk D P & R. Brislin. The measurement of intercultural sensitivity using the concepts of individualism and collectivism ［J］ . International Journal of Intercultural Relations, 1992 (16): 413 -436.

［2］ Dunn J W. Academic adjustment of Chinese graduate students in U. S. institutions of higher education ［D］ . Ph. D. Dissertation, The University of Minnesota, 2006.

［3］ Gamede Gugulethu. Cross - cultural adaptation of south african students in China and India ［D］ . Master Dissertation, East China Normal University, 2014.

［4］ Goldberg D P. The detection of psychiatric illness by questionnaire ［M］ . London: Oxford University Press, 1972: 66 -67.

［5］ Graves T. Psychological acculturation in atri - ethnic community ［J］ . Southwest Journal of Anthropology, 1967 (23): 337 -350.

［6］ Hammer M R, Bennett M J & Wiseman, R. Measuring intercultural sensitivity: The intercultural development inventory ［J］ . International Journal of Intercultural Relations, 2003, 27 (4): 421 -443.

［7］ Kalinina Elena. 来华俄罗斯留学生跨文化适应研究 ［D］ . 华中师范大学, 2018.

［8］ Kaur D. International students and american higher education: A study of the academic adjustment experiences of six asian india international students at a research level university ［D］ . Ph. D. Dissertation, The University of North Charlotte, 2006.

［9］ Lazarus R S & Folkman, S. Stress, coping and appraisal ［M］ . New York: Springer, 1984: 12 -14.

［10］ OECD. PISA 2018 Global Competence ［EB/OL］ . (2018 -01 -24) . http: //www. oecd. org/pisa/pisa -2018 - global - competence. htm.

［11］ Ryder A G, Alden L E & Paulhus, D. L. Is acculturation unidimensional or bidimensional? A head - to - head comparison in the prediction of personality, self - identity and adjustment ［J］ . Journal of Personality and Social Psychology, 2000 (79): 49 -65.

［12］ Sarwari A Q, Abdul Wahab M N, Ki E J. Study of the relationship between intercultural sensitivity and intercultural communication competence among international postgraduate students: A case study at University Malaysia Pahang ［J］ . Cogent Social Sciences, 2017, 3 (1): 1 -11.

［13］ Tonsing K N. Predictors of psychological adaptation of South Asian immigrants in Hong Kong ［J］ . International Journal of Intercultural Relations, 2013 (37): 238 - 248.

［14］Wang Wenting & Zhou，Mingming. Validation of the short form of the intercultural sensitivity scale?（ISS－15）［J］. International Journal of Intercultural Relations，2016（55）：1－7.

［15］Winston G C & D J. Zimmerman. Peer effects in higher education［EB/OL］.［2019－12－17］，https：//www. nber. org/papers/w9501. pdf.

［16］戴晓东，顾力行．跨文化适应（一）理论探索与实证研究［M］．上海：上海外语教育出版社，2012：173－204.

［17］文雯，刘金青，胡蝶，陈强．来华留学生跨文化适应及其影响因素的实证研究［J］．复旦教育论坛，2014，12（5）：50－57.

［18］文雯，王朝霞，陈强．来华留学研究生学习经历和满意度的实证研究［J］．学位与研究生教育，2014（10）：55－62.

［19］朱国辉．高校来华留学生跨文化适应问题研究［D］．华东师范大学，2011.

生态建设

作者
李路杨 李 恒
宋 晓 王雯瑶

经济发展 VS 环境保护：矛盾中的转变

——基于诸暨市生态赔偿案例的分析

摘 要：环境对污染的承载总量和净化能力属于一种公共池塘资源，恶性竞争也将导致公地悲剧。为了应对该问题，生态环境损害赔偿制度于2015年进行试点，2017年末推广全国，是深化生态文明体制改革的重大创新。诸暨是浙江省经济活跃、发展最快的地方之一，但其产业模式和生态环境之间的矛盾由来已久。经调研，课题组归纳诸暨市前期针对该生态环境治理所面临的困境主要为四点：多头治理主体导致权责模糊；地方经济支柱性产业整体污染严重，惩处经济打击大；环境污染原址治理难度大，修复可能性低；生态环境损害赔偿制度实践操作有待明晰。面对这样的困境，各治理主体协同合作，实现了生态治理制度的创新与发展。课题组通过了解各相关主体的目标与互动方式，认为府际互动在诸暨市尝试生态环境损害赔偿制度过程中发生了转变，而引起转变的原因分为自然物质条件、经济社会属性、应用规则三个方面。对于路径完善，应当预备修复选项，避免临阵磨枪；理清竞合关系，做好衔接联动；整肃事无巨细，推进企业转型；理顺各相关主体组织目标，权衡决策。

关键词：生态环境；损害赔偿；互动转变；制度发展

一、研究背景

我国的经济发展进入了结构调整和动力转换的新阶段，在转型升级的关键

［作者简介］李路杨，中国政法大学在读硕士研究生；李恒，中国政法大学在读硕士研究生；宋晓，中国政法大学在读硕士研究生；王雯瑶，中国政法大学在读硕士研究生。

时期，生态环境保护的问题日益突出，以往“只要金山银山，不要绿水青山”的经济发展模式违背了自然规律，造成了资源约束趋紧、环境污染严重和生态系统退化等问题，成为了制约我国经济社会发展的瓶颈。在这样的背景下，绿色发展在国家发展战略中的地位切实凸显，绿色发展步伐加快，政策体系日益完善。

（一）宏观经济背景

我国经济已由高速增长阶段转向高质量发展阶段，经济长期积累的结构性矛盾仍然突出，经济发展正处在转变发展方式、优化经济结构、转换增长动力的攻关期。只有实现向高质量发展的转变，才能突破产能过剩、资源环境约束、劳动力成本上升等瓶颈制约，实现更有效率、更加公平、更可持续的发展，使经济运行的稳定性、协调性不断提高，社会发展更加和谐。

（二）绿色发展战略部署

以绿色发展理念为指导，构建生态文明制度体系，推进生态文明领域国家治理体系和治理能力现代化，努力走向社会主义生态文明新时代，是我国生态文明建设的目标。

2012 年，党的十八大明确了“五位一体”的总体布局，提出“要把生态文明建设放在突出地位，融入经济建设、政治建设、文化建设、社会建设各方面和全过程，努力建设美丽中国”。2013 年，党的十八届三中全会通过《中共中央关于全面深化改革若干重大问题的决定》，明确提出建设生态文明必须建立系统完整的生态文明制度体系，用制度保护生态环境。2014 年，党的十八届四中全会通过《中共中央关于全面推进依法治国若干重大问题的决定》，提出要加强生态文明建设领域的重点立法，坚持用严格的法律制度保护生态环境。为加快推进生态文明建设，2015 年陆续发布了《关于加快推进生态文明建设的意见》、《生态文明体制改革总体方案》及若干配套改革方案，提出新建制度 22 项、健全和完善制度 25 项，其中环境治理体系的建立健全就是生态文明体制改革的重要目标之一（见表 1）。

表 1　环境治理体系

制度	细分制度
环境治理体系	污染物排放许可制
	污染防治区域联动机制
	农村环境治理体制机制
	环境信息公开制度
	生态环境损害赔偿制度
	环境保护管理制度

（三）环境立法工作推进

改革开放以来，环境保护制度建设，尤其是环境立法迅速增长。1978 年《中华人民共和国宪法》将环境保护载入，规定："国家保护环境和自然资源，防治污染和其他公害。"从 1979 年制定《环境保护法（试行）》至今，共制定环境保护及相关法律 30 余部，行政法规 100 多部，地方法规及部门规章近千部。但是，这些法律没能避免中国走上"先污染后治理"的道路，环境保护法因此也被诟病为"软法"。

2014 年《环境保护法》进行了修订，修订案在建立环境与发展综合决策的法律机制方面，有了实质性进展，如建立责任追究机制，明确管理者责任和生产者、经营者责任。总体来说，修订案初步建立了环境与发展的综合决策法律机制，为实现"五位一体"战略，建设"美丽中国"进行了积极的努力，但离建立完善的综合决策法律机制还有很大距离。一方面，修订案在《环境保护法》基础上修改而成，存在生态文明法治理念并未完全建立的潜在阻力；另一方面，综合决策的理念需要贯彻到所有现行立法中，存在立法任务繁重的现实困难。

（四）生态环境损害赔偿制度确立

党的十八届三中全会《中共中央关于全面深化改革若干重大问题的决定》中提出"对造成生态环境损害的责任者严格实行赔偿制度"。2015 年底，作为生态文明体制改革六大配套方案之一的《生态环境损害赔偿制度改革试点方案》（以下简称《方案》）出台。中共中央、国务院也于 2015 年 12 月印发了《法治政府建设实施纲要（2015—2020 年）》，进一步强调了"健全生态环境保护责任追究制度和生态环境损害赔偿制度"。可见，生态环境损害赔偿制度已经有了比较具体的政策。生态环境损害赔偿制度是由党和政府先提出政策，待时机成熟后上升为法律的极具代表性的例子。在环境法律体系中生态环境损害赔偿制度不是孤立存在的，而是处在与相关制度密切协作、有机配合的关系之中，其与《民事诉讼法》中的民事公益诉讼及其相关司法解释配合，以更好地发挥制度的功能作用。

（五）浙江省生态治理举措

为了改善经济发展与环境保护之间的矛盾，浙江自身大刀阔斧、一马当先，连续发动了"护水斩污"、"保卫蓝天"、"清废净土"三起污染防治的攻坚行动，几乎将运动式治理常态化。2014 年"五水共治"以来，浙江制定了"三五七"时间表，自 2014 年到 2016 年三年力求解决突出问题、明显见效。在此之前，浙江已经开展了"清三河"（清理垃圾河、黑河、臭河）行动，治污水便以提升水质为中心，重点关注短板漏洞并全力查找补齐。

同时浙江省以"环保执法最严"打造自己的环境工作形象，对社会，大力推进公检法与环境的联络，联动治理环境问题；对内部，通过环保督察与环保约谈进行鞭策。

联合国环境规划署执行主任索尔海姆就曾表示“浙江之行让我对‘绿水青山就是金山银山’理念有了更深刻的理解，浙江正在实现经济发展、社会和谐与生态环保之间的协调发展：短短5年，曾经粉尘漫天、污水横流的浦江市迎来了巨变；余村通过削减矿山、造纸等落后产能，发展休闲旅游、健康养生、生态竹木业等绿色产业，破解了保护环境与产业发展的难题”。产生了两起成功的替代性修复的诸暨市，在此之前的政策是：其一，对企业环境违法实行亮牌管理；其二，更严格地调整自由裁量权；其三，进一步规范项目环评（包括违法行为审查、环评公示抽查、公众调查回访、环评报告评估、重点项目会审、环评质量通报、项目变动处置）。

本文围绕诸暨市生态警示公园项目建设开展调研，分析这场生态环境整治运动中镇政府、镇企业、检察院以及环保局各方的利益冲突、目标共振与协同合作，为地方治理过程中经济发展与环境保护的矛盾问题，提供有效的参考。

（六）理论基础

制度发展和分析框架是由奥斯特罗姆的公共池塘自主治理理论发展而来的，它致力于解释外生变量如何影响公共池塘资源自主治理中的政策结果，为资源使用者提供一套制度设计方案及标准以增强信任与合作，并且用来评估、改善现行的制度安排[①]。制度分析和发展框架包括自然物质条件、共同体属性、应用规则三组外生变量，根据这三种外生变量行动者在行动舞台中竞争合作，最终形成结果，而结果又不断按照评估准则被渐进地修正（见图1）。

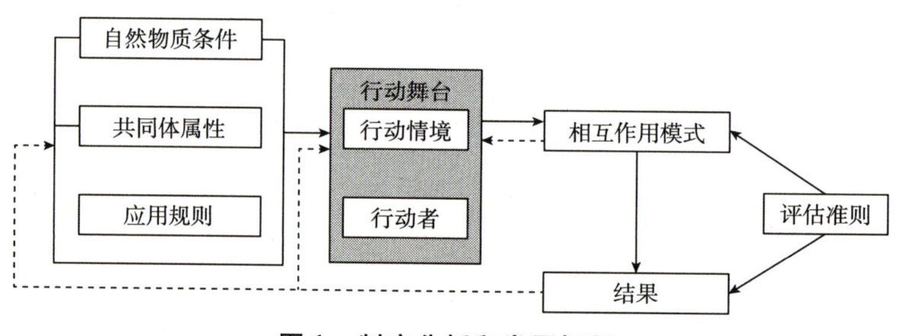

图1 制度分析和发展框架

二、调研情况

（一）调查地点及基本情况

本次调研地为浙江省诸暨市店口镇。该镇地处诸暨、绍兴、萧山三个经济发达

① 王群．奥斯特罗姆制度分析与发展框架评介［J］．经济学动态，2010（4）．

县、（地级）市交界之处，水陆交通便捷。自19世纪80年代五金产业引入店口到市场扩大走出诸暨，一家家小作坊扩大规模成为中小企业、大型公司，逐渐将五金产业塑造为店口的支柱产业。然而店口镇的五金生产技术发展缓慢，不少铜炉厂、车床厂在河道边经营着原来的生意；大企业虽然通过更换设备、淘汰员工来提高生产率，然而环境承载力却并没有引起所有企业的重视。另外，工业区内排污设施的缺乏也给处理污水带来了非常大的成本。五金产业带来严重的工业污染，加之环保意识薄弱、环保成本不菲，生态问题越发突出。随着近年运动式治理兴起，小企业均忍受着转型的阵痛。

2016年，在属地政府、职能部门、司法机关的联合排查下数十家企业暴露了偷排问题，一部分被采取强制措施。在企业认罪认罚并主动请求弥补的态度面前，镇政府认为可宽大处理。当有关部门考虑允许企业以原地修复弥补错误时，污染原址不符合修复条件的判断再次带来问题。所幸，检察院找到了有关环境公益诉讼和生态损害赔偿中替代性修复的行为依据。在充分顾及可行性、风险性、公正性的前提下，有关部门完成了修复选址、费用核算、修复协议签订、项目招投标等工作。最终，一座生态警示公园和若干份新的生态赔偿规范性文件问世，当事人也被酌定不起诉。当地社会的环保意识、当地政府的环境工作从此上了一个台阶。

（二）研究方法与调研

本文采用实证分析与规范分析相结合的研究方法。

1. *深度访谈法*

本次调研通过熟人事先联系，接触浙江省诸暨市负责生态赔偿替代性修复案件的有关政府部门，包括诸暨市检察院侦监部主任、诸暨市店口镇副镇长、店口镇环保所所长和相关涉事企业人员。通过事先拟定具体的访谈提纲，就调研主要内容进行访谈，深入了解当时事件的经过并获取更多第一手资料和细节。事后采用电话回访形式对存疑问题向有关部门进一步了解和证实负责该项目各主体之间的动机和行为等。

2. *拦截式访问法*

调研团队在生态赔偿替代性修复所建立的生态警示公园内进行调研，通过随机拦截当地居民进行采访和交流，获悉公众对于该项目的看法、态度等相关反应，多途径获取调研材料。

3. *文献研究法*

通过查阅与浙江省诸暨市店口镇生态替代性修复的文献资料，包括新闻报道、政府文件等，将文件重要信息进行编码整理并使用网络分析，以全面了解环境替代性修复案件的整个过程和现状，对环境污染治理以及多元政府主体合作协调的相关研究进行综述，梳理府际关系和制度试验的相关理论，为本文的调研访谈提纲设计提供一定的理论支撑。

4. 案例研究法

综合浙江省诸暨市店口镇环境替代性修复的实际与现状，给予相关理论的洞察和整合，以店口镇环境替代性修复成功作为研究素材，通过访谈和查阅的一手资料进行编码，并对其进行抽象和归纳，进而萃取出多元政府主体协同政治环境污染的内在机理模式和运作机制，回答本文所提出的关键问题。

（三）发现问题

综合相关新闻信息和访谈资料，课题组归纳浙江省诸暨市生态环境修复先前所存在的问题，具体以案例形式进行呈现。

1. 多头治理主体导致权责模糊

生态环境治理工作存在多头重复监督排查现象，如 2016 年初，店口镇大量摸排高污染、高能耗、低小散企业；2017 年 3 月，诸暨市检察院开展生态环保专项检察监督，与此同时，市环保局（现生态环境局）也在开展消灭劣质水的行动，公安局还有类似的“天剑”行动。共同处在污染防治攻坚战的大背景中，店口镇政府、环保局、检察院、公安局等拥有执法权的主体在生态环境监督上职能相互重叠，但这些机关之间立场不同，容易导致治理权责模糊，行政司法资源浪费，行政效率低下等问题，具体来说，各个部门间缺少共享，监查流程混乱，环节重复，不利于生态环境修复与企业发展。在责任担当和问题处理上由于不存在隶属或指导关系，重叠可能导致争端和推诿。

2. 地方经济支柱性产业整体污染严重，惩处经济打击大

在此次排查行动中发现 8 家企业将未经处理的生产废水直接排放到外部，造成了严重的环境污染，涉嫌犯罪。其中不乏一些当地的知名企业。这些企业一直从事五金配件、水暖配件的制造。起初，行业发展势头很猛，然而近年五金行业的行情不太好，经营压力大增。为了企业的生存，企业主自然需要降低产品的生产成本，以博得更大的市场竞争力。以前在生产铜接头、铜棒等五金产品时产生的铜灰便不会再被利用；4 年前，市场上出现了一种铜沙清洗设备，使得铜灰再利用成为了可能。于是一些企业主便购进这种清洗设备，招聘有经验的工人回收铜灰中的铜渣，成本降低了，但清洗铜渣的池子来不及清理所积压的污水需要排放，这也成为非法排污的开端。

据诸暨市环保局的监测报告，此次非法排放的污水中铜、铅含量为标准值的 10 倍，锌含量为标准值的 12 倍。2017 年 1 月 1 日起施行的两高发布的环境污染犯罪司法解释中明确指出，排放、倾倒、处置含镍、铜、锌、银、钒、锰、钴的污染物，超过国家或者地方污染物排放标准 10 倍以上的，应当认定为“严重污染环境”，因此该排污行为已经涉嫌污染环境罪。

而就企业主和工人的视角而言，店口的五金就是从家庭手工作坊发展起来的，几十年都如此，环保却是政府这两年才大力提倡的，排污的起因其实就是要有个洗

铜件油污的工序，和家庭盥洗没有本质区别，并没有引起关注。何况污水处理不便，并没有专门的排污管道，而是需要联系专门的污水收集水罐车来抽水，给企业带来了很大的时间和经济成本。但是司法检测出重金属离子超标就认定是偷排，涉罪的结果是他们所未曾料及的。

此次行动共 30 多家企业被查，有 20 多家虽有污染违规排放，但总量不大，有 8 家污染严重，其负责人面临着刑事拘留。其中不乏店口镇一些五金知名企业，这些企业对店口镇经济发展起着中流砥柱的作用，更是解决了当地许多百姓的就业问题。这一拘，形成了一条法人—生产厂长—操作员的链，一个企业五六人被抓，这无论对企业还是对整个店口镇，打击实在太大了。

3. 环境污染原址治理难度大，修复可能性低

工业废水排放后，因为不断混合、稀释，流入下游，造成的水污染已无法通过修复工程完全恢复，这是水污染特别难治理的一大原因。在本案例中，多家企业排放工业废水已有很长时间，对原址的治理难度比较大，修复可能性低。但如果不采取修复措施，其他措施未必可以起到同样有效的环境弥补作用。

4. 生态环境损害赔偿制度实践操作有待明晰

环境保护事业的实践性决定了环境法律体系的开放性和延展性。从现实状况来看，自新《环境保护法》和《解释》施行以来，尽管有《民事诉讼法》中民事公益诉讼及其相关司法解释的配合，但囿于各种主客观条件，环境公益诉讼案件并未出现井喷式的大幅增加。原因之一在于生态环境损害司法救济的渠道并不畅通，生态环境损害赔偿制度与具体的法律法规如何衔接仍然在探索中。而且在具体的操作技术上存在空白，自行创造则需要承担合法性争议、舆论怀疑等风险。

（四）研究目的

其一，调查了解了诸暨市店口镇环境替代性修复制度的实施和落实情况。其二，归纳案件中影响府际互动的外生变量。其三，分析整合该事件中各方主体的立场和动机，以及由此导致的行动舞台上的互动方式，在制度分析和发展框架基础上总结“诸暨经验”，试图构建理想的生态环境损害赔偿实施路径。

三、案例分析

（一）概念界定

环境替代性修复是生态环境污染治理的一种模式。《最高人民法院关于审理环境民事公益诉讼案件适用法律若干问题的解释》（以下简称《解释》）第二十一条第一款规定，“原告请求恢复原状的，人民法院可以依法判决被告将生态环境修复到损害发生之前的状态和功能。无法完全修复的，可以准许采用替代性修复方

式”。《解释》中并未准确界定替代性修复的概念，但在最高人民法院环境资源审判庭看来，替代性修复方式多样，包括同一地区不同地点、同一功能不同种类、同一质量不同数量等①。替代性修复用以解决无法原地复原的情形，在实践中应当坚持生态环境修复为首要考虑，替代性修复为辅②。而对于较为严重的环境污染治理问题如水体污染、土质污染等，由于很难通过人工原地原质恢复，因此替代性修复成为了针对生态环境污染问题可行的治理模式。

2015 年，中共中央办公厅、国务院办公厅印发的《生态环境损害赔偿制度改革试点方案》中指出，“生态环境损害无法修复的，实施货币赔偿，用于替代修复”。2016 年，绍兴市检察院、法院、公安局和环保局共同印发的《关于建立生态环境司法修复机制的规定》也明确提出，在生态环境损害的刑事案件发生后，司法机关负有引导、督促犯罪嫌疑人、被害人与赋有监督管理职责的行政主管部门对损坏的生态环境进行修复的责任。

（二）三组外生变量

1. 自然物质条件

浙江素有“七山一水二分田”之称，店口镇又是三面环山，位于白塔湖区，对于水资源的保护非常重要。但曾经的店口镇却是一个因发展工业而导致水体重金属含量严重超标的地方。面对复杂水文，即便河长制和水体监控系统可以相对有效地发现污染，有效控制污染仍然是难事。

2. 经济社会属性

案例中的几家涉罪企业可以“戴罪立功”修复环境，与诸暨市行使公权的风格“枫桥经验”是分不开的。“枫桥经验”是全国法治工作的典型，且得到了不断发展。而在“枫桥经验”的发源地诸暨，政法口干部一直将“枫桥经验”作为自己的一种独特形象，多年来，公检法机关多管齐下、宽严相济的案例不绝于书。在本案中，一方面，司法者坚持“枫桥经验”，相信这些涉罪企业有改正的可能；另一方面，为了完成环保工作这一共同的任务，公、检、环、法、政五个单位以配合为主，一般府际互动中的利益博弈过程在这个行动中更容易形成正和局面，更能执行到位。再者，五金是店口龙头企业，一旦草率打击而不计后果，很可能对 GDP、就业量等重要因素造成影响。这些无不会对自由裁量权的行使造成影响。

3. 应用规则

应用规则包括身份规则（参与者的数量和容许的行为）、边界规则（个体取得或者脱离某种身份的程序、标准、要求和费用）、选择规则（从属于身份的行为的

---

① 王小钢．生态环境修复和替代性修复的概念辨正——基于生态环境恢复的目标［J］．南京工业大学学报（社会科学版），2019，18（1）：35－43，111.

② 卢秋怡．论生态环境替代性修复［J］．产业与科技论坛，2019，18（12）：31－32.

集合)、聚合规则（处于某一身份状态的个体对结果的控制力)、范围规则（可能出现的结果的集合)、信息规则（所需信息可获取程度)、偿付规则（基于行为选择而产生的结果所带来的回报与制裁)。

在此之前，绍兴在生态环境损害赔偿领域已经有了多次尝试，如昌峰纺织偷排案、新昌江污染事件等，在一部分规则上已经有了创新，实践了 NGO 参与、环境公益诉讼、损害费用核算、环境修复等内容。这些规则的创新均可以为诸暨市自身的创新提供施展空间。

（三）府际互动的转变

1. 各方参与动机探究

各主体参与试验机制动机逻辑如表 2 所示。

表 2　各主体参与试验机制动机逻辑

参与主体	参与方式	动机	理论逻辑	行为
企业	环境公益诉讼被告方；环境修复工程出资方	以盈利为目的，希望自身免于或轻于环境刑事法律责任，继续正常（恢复）营业	经济人假设；污染者付费	认错求助，积极担责，主动弥补，只求获得生机
镇政府	保护企业；污染治理协调方、配合方	地方政府经济职能，注重地方经济发展，希望对企业适当放宽环境惩治力度；同时兼顾社会职能，希望地方环境得到改善，提升公民环境满意度	地方政府环境管制向下竞争；存在职能冲突	斡旋各机关，劝说宽大处理；组织配合修复；向公众征集意见
市环保局	环境执法方	政府的环境执法部门，严格排查打击环境违法行为，完成涉水工业企业整治任务，深化水污染治理；并需要严格完成上级政府的治污时间表	结果导向的评估体系，以严打环境污染为后盾接受治污新方法	放宽对企业打击力度，签订替代性修复协议；寻求第三方对环境污染做出评估
市检察院	公益诉讼原告方；修复工程监督方	关注公益诉讼结案数量；积极参与行政执法环节，力图健全制度化的公益诉讼模式；推动检察监督由对国家机关的守法监督转向为对社会组织及公民的守法监督，进一步延展检察机关的法律监督边界	检察机关环境公益诉讼职能；行政与司法衔接合作	开展环境污染排查；基于综合因素对污染企业作出不起诉决定；监督环境修复工程建设
市公安局	刑侦执法方	关注刑事案件侦破数，对环境保护类案件打击积极性不高	职能法定	按要求介入环境案件侦查；将案件材料移交检察院

2. 互动背后的府际关系

府际关系转变状况如表3所示。

表3 府际关系转变状况

	权力关系	财政关系	公共治理关系	利益关系
具体操作	条块分割，少有联合	罚金、罚款收缴	各自为政，问题界定不一致	自己政绩、社会公益
主要效果	权限不足，效率不足	起到惩罚作用，但未弥补环境	可能会漏网和一错数罚	非良性竞争
	权力关系	财政关系	公共治理关系	利益关系
具体操作	条块结合	罚金收缴，修复费用交与第三方	协同应对，形成共同任务	自己政绩，共同任务，社会公益
主要效果	权限增加，能为敢为	既惩罚，又弥补	减少成本且提高精准度	为了共同任务，追求正和博弈

由自然物质条件与经济社会属性中的因素构成了案件处理中的两难局面，各主体均缺失完美解决的实力和一言堂的底气，反而有了协商的可能，间接导致本案中的府际关系出现了转变。应用规则的改变赋予了更多主体参与的机会，各主体做出更多行为的资格：一方面，共同执行更进一步；另一方面，出现了关键性的共同决策，将府际互动引向正面结果。

四、生态环境损害赔偿路径的形成

（一）诸暨模式的归纳与总结

通过对案件进行描述和分析，本文得出此次案件的运作路径（见图2）。

第一阶段，针对生态环境污染问题，因环保局开展的消灭劣质水行动与检察院开展的生态环保专项督查任务较大程度重叠，因此合并机关资源，整合相关信息与证据，由环保局与检察院合作进行排查，找出非法污染环境的涉事主体。

第二阶段，对非法污染涉事主体进行行政责任与刑事责任的认定。针对行政责任，主要由环保局对其进行行政处罚；针对刑事责任，交由公安局介入侦查，搜寻证据，环保局在此过程中辅助提供前期排查阶段部分环境污染证据。

第三阶段，在侦查完毕后将证据移送检察院进行公诉。在法律层面，依照案情严重情况、证据、犯罪事实等进行全面复查和认定，最终由检察院决定起诉与否。若选择起诉则应诉至法院，由法院依照相关法律审判并监督执行。案例中，检察院的不起诉考虑到综合因素：

第一，客观上，涉事企业属于店口镇的经济命脉，对相关企业及负责人进行刑事处罚，可能对当地经济造成较大打击，造成对公共利益的损害。

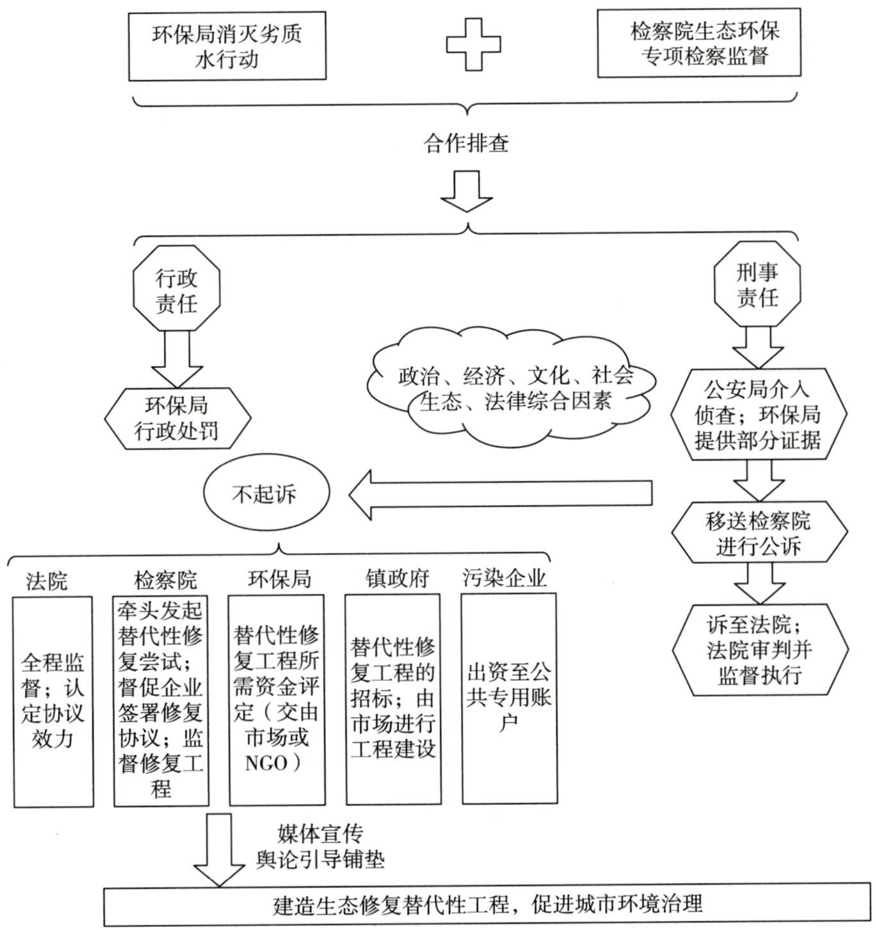

图 2　环境替代性修复机制

第二，企业及负责人主观上并非直接故意，主观恶性不大，且认罪态度良好，愿意及时缴纳生态修复赔偿金，积极配合政府及有关部门替代性修复；相反，若企业及相关负责人受过多次行政处罚或不愿意缴纳生态修复补偿金、配合替代性修复则可以认定为主观恶性较大，不能以不起诉处理。

第三，人民检察院作为国家的法律监督机关，行使公益诉讼职责，是维护国家法治和社会公共利益的需要①，案例中人民检察院参与侦查案件、法律教育、替代性修复的过程，在不起诉的情况下已经达到了行使自己的职能，维护社会公共利益的目的。

第四，镇政府、环保局、检察院、法院协同，在宪法和法律的框架内按照法定程序进行，监察权、侦查权、审判权等在分工合作的基础上实现了相互配合，案例

① 孙谦．新时代检察机关法律监督的理念、原则与职能——写在新修订的人民检察院组织法颁布之际［J］．人民检察，2018（21）：5－17.

中人民检察院不起诉的处理也是督促有关部分行使职权，加强了程序衔接和过程控制，确保了实现公益诉讼的功能和价值。①

第五，不起诉体现了贯彻宽严相济的刑事政策。宽严相济的刑事政策强调根据犯罪的具体情况实行区别对待，做到罚当其罪，最大限度地减少社会对立面。一方面，检察机关在审查起诉工作中坚持起诉法定主义要求，对于犯罪人主观恶性大、严重危害社会的犯罪坚决追诉，从严惩治；另一方面，检察机关兼顾起诉便宜主义，充分考虑起诉的法律效果和社会效果，合理运用起诉裁量权，减轻甚至消除危害后果。②

在选择不起诉后，立即对污染问题进行整治，协商出可行的解决方案即环境替代性修复方案。通过磋商和协议，检察院、环保局、镇政府、污染企业以及法院明确己方在替代性修复方案内的权责，落实安排各方负责内容。

该创新性修复工程借助媒体宣传，引导社会舆论，提高民众对创新赔偿方式的接受度。随后落实生态修复替代性工程，由地方政府负责招标，外包建设工程，建成生态环境警示公园项目，有效整治了城市环境污染，促进了城市环境治理的良性发展。表 4 为生态环境损害赔偿有关单位职责分工。

表 4　生态环境损害赔偿有关单位职责分工

序号	责任部门	工作职责
1	市司法局	推进生态环境损害司法鉴定资质单位培育
2	市财政局	负责资金监督管理，制定资金管理办法
3	市国土局	负责跨区域土地资源、矿产资源及地质遗迹类自然保护区污染及生态破坏案件的调查评估、损害修复，并指导属地政府开展本区域上述类型案件的调查评估、损害修复
4	市环保局	负责跨区域较大及以上突发环境事件以及涉嫌环境污染罪导致环境污染、生态环境破坏事件的调查评估、损害修复，并指导属地政府开展本区域上述类型事件的调查评估、损害修复
5	市建设局	负责跨区域城市园林、绿地、风景名胜区污染及生态环境破坏案件的调查评估、损害修复，并指导属地政府开展本区域上述类型案件的调查评估、损害修复
6	市水利局	负责跨区域水域空间非法占用造成生态环境破坏或水土流失案件的调查评估、损害修复，并指导属地政府开展本区域上述类型案件的调查评估、损害修复
7	市农业局	负责跨区域农用地、草原、农业野生植物污染及生态环境破坏案件的调查评估、损害修复，并指导属地政府开展本区域上述类型案件的调查评估、损害修复
8	市林业局	负责跨区域林地林木等森林资源污染及生态破坏、湿地资源污染及生态破坏以及陆生野生保护动物、重点保护野生植物和森林、湿地、野生动物类型自然保护区污染及生态环境破坏案件的调查评估、损害修复，并指导属地政府开展本区域上述类型案件的调查评估、损害修复

① 熊柳．新时代我国检察权重新配置研究［D］．广州大学，2018.

② 童建明．论不起诉权的合理适用［J］．中国刑事法杂志，2019（4）：23－34.

续表

序号	责任部门	工作职责
9	市卫生计生委	开展环境健康损害赔偿探索性研究与实践
10	市中级法	研究指导生态环境损害赔偿磋商协议的司法确认，做好赔偿诉讼审理，制定相关制度
11	市检察院	支持生态环境损害赔偿磋商、起诉，开展公益诉讼、刑事附带民事起诉、司法修复，制定相关制度
12	市级其他部门	按各自职责做好生态环境损害赔偿相关工作
13	区、县（市）政府	负责区域内生态环境损害事件调查、评估；对需要赔偿的提出赔偿请求；做好生态环境损害

（二）生态修复替代性机制对城市环境问题的治理优势

以下三点交叉呼应了本案各方主体互动模式，同时又满足了生态环境损害赔偿制度的科学评估、明确责任、弥补损失三要点，成为推动城市环境问题解决的优势。

1. 探索多元化修复模式，体谅非公企业

一是生态环境损害赔偿是由诉讼和磋商两种制度组成的有机整体，所以思想教育是与审查逮捕同时进行的；二是了解到产业体量和转型困难的现实问题，一味打击断不可行；三是体谅也不等于投鼠忌器，跟踪监督、必要性审查都是必不可少的。在宽严相济的手段下加之又找到了法律依据，大大加强了涉案企业修复环境的动机。而原地恢复行不通后，及时向替代性修复转变并找到修复点，避免了功亏一篑。

2. 建立长效机制，规范修复工作

对于生态环境损害赔偿的第一案，要想长效，既要稳固案子本身的成果，也要促进成功经验的继承与扩大。在稳固成果方面，将污染环节交由具有资质的专业公司负责集中治理，这切断了污染源；监督犯罪企业转型，并塑造为模范企业，另筹建二期项目建造宣传长廊，使涉事企业和居民体会到了本案的意义。在继承与扩大经验方面，在之后的打击环境犯罪方面，后半篇文章的力度被不断加大，各类修复措施（如补植复绿、截污纳管）得到了更多应用；《关于建立生态环境替代性司法修复机制的规定（试行)》明确了基本条件、实施程序、法律后果、资金管理、项目监管等各方面内容，而且规定被提到了更高层次（绍兴出台了类似规定）。

从另一层面来说，对于难以修复的原址污染，替代性的工程虽然不能对其有直接性的正向影响，但是长远来看会有间接的促进作用。并且，阻碍原址修复可能性的条件也并非永久存在，之后当条件消除时，前一次的原址污染可以被列为下一次的替代性修复工程。从整体系统来看，有助于形成良性循环，连环解决污染问题，促进环境治理。

3. 正视项目风险，谨慎决策与执行

诚然，如此设计是为了避免店口经济遭到过大的波及，但是“用钱买罪”的舆论给政府信誉可能造成的损害同样是难以想象的。按照刑事诉讼的经验，即便是要活用罚金也得等走完司法程序后，立功表现也没有这种形式的，并没有多少法律可以支持这一决策；而浙江省关于生态损害替代性在这之前几乎没有实操过，一旦公众先入为主，试点的说服力便要大打折扣。首先，由政府先行将消息放入公众视野，不仅是试探舆论的风向，也普及生态损害赔偿制度的有关知识以减少试验阻力。其次，办理案件中的具备任务严格按照各机关职责划分来分派，全力避免程序上违法的嫌疑。最后，尽可能避免各机关和资金的直接接触，费用评估和收支交由第三方的社会组织，以此促进执行的公开阳光。

此外，将协议提交司法确认则保证了双方义务的履行。诸暨并不是首次以协议方式明确生态责任，此前曾与萧山区就浦阳江问题签订了生态补偿协议，对于这种协议的作用是了解的。司法确认协议的效力是双向的，一方面敦促了涉事企业实施行为，另一方面也给予了涉事企业一个确定的、可信赖的结果。

（三）生态修复替代性机制尚存问题

1. 原污染地修复的忽略

虽然环境替代性修复让被破坏的店口镇污染区以另一种异地修复的方法得到了一定弥补，建起了店口镇的另一个环境新地标——生态警示公园。但是该方案并没有对已有污染之处进行过多的关注，原本因为污染企业而造成的土质破坏并没有得到相应的完善。在实践中，该方案弃原污染地于不顾，是替代性修复制度本身所无法解决的问题。

2. 推广性、实用性的质疑

生态环境损害赔偿的制度设计考虑到了发挥 NGO 的作用，然而作用的实现却存在问题，这同样也将对该制度的推广边界和实用程度造成影响。

其一，当时浙江省满足条件的绿色科技中心仅有两家，如果生态修复成为环境司法结果的热门执行途径，可能会供不应求。而且其他案件表明，各组织之间的损害核算并不一致，这也是核算费用是否精确合理的问题所在。

其二，以经济单位核算，虽然使企业付出了相同的代价，但是并不能保证修复项目能够完全弥补生态功能的损失，因为不同的生态系统的承载力不同。而且在前述供求问题不能解决的情况下对费用评估是否准确也可能存疑。如若当真采用修复，也需要信用和知名度俱佳的 NGO 来配合修复方案的落实。

3. “三方合作”诉讼模式的滥用风险

案例中，检察机关、审判机关和企业在事实认定和责任承担方面进行协商与合作，由此就形成了控辩审“三方合作”的诉讼模式。在这种诉讼模式中，具有较强的准纠问式司法和流水线式司法色彩。① 虽然这种模式在加快诉讼流程、保障犯罪嫌疑人、被告人通过认罪认罚获得从宽处理方面具有积极的效用，但同时也因强化了公、检、法、辩之间的相互配合，弱化了对侦、控、审权力的制约，而使得公检法权力的行使更加灵活，也更容易出现滥用的问题。一方面，在委托辩护率极低、法律援助范围相对有限、值班律师常常难以有效提供法律帮助的背景下，检察机关极易利用地位、资源、专业等方面的优势强迫或诱骗犯罪嫌疑人认罪，从而出现冤及无辜或者打击过重的现象。另一方面，可能会加剧检察机关滥行选择性不起诉从而违规放纵或者轻纵犯罪嫌疑人的现象，损害司法平等原则。②

五、政策补充建议

本案例基于对诸暨市生态修复替代性工程的调研，针对现存的生态环境治理困境总结出生态环境问题的治理新机制，用以解决由经济发展带来的生态环境破坏问题。该机制的可推广性将在这一部分进一步论述。而基于该试验机制的优势与劣势，笔者总结出以下几点制度推广补充建议，用以更好地推行该机制，因地制宜解决各地生态环境修复问题。

（一）预备修复选项，避免临阵磨枪

水体污染和大气污染曾一度是浙江省污染问题的两座大山，针对二者适用原地恢复或替代性修复的可能性都很大。因此，有必要对辖区内具备替代性修复条件的污染问题备案，以供修复项目选择，从而达到修复资源的最优配置。

此外，治理在于长效，尝试需要鞭策，环境治理新手段的成果应被视为生态系统的“蓝海”，若成为各种环境专门监督的关注点之一，既可以避免这些监督的“内卷化”，也可以防止“临时文章”的修复项目。

（二）理清竞合关系，做好衔接联动

其一，环境执法、司法各部门要针对环境破坏的各种处理模式的进入条件、具体手段、退出条件以及各模式间的衔接达成共识，以保证惩戒违法行为、弥补社会公益得以顺利实现。

其二，在一次次环保运动中各机关间已经形成的联系应当继续保持，并使其转变为常态性的合作渠道。尤其是查、捕、诉三大环节，需要联动非常迅速才能够适应环境执法司法的多路径处理过程。

---

① 周长军. 认罪认罚从宽制度推行中的选择性不起诉［J］. 政法论丛，2019（5）：80-91.

② 纪思佳. 对我国刑事诉讼中相对不起诉制度的几点思考［J］. 法制博览，2019（27）：231.

其三，不可忽视绿色NGO在联动体系中的位置，要继续培养和发挥其实施科学评估、促进阳光公开、分担公益诉讼的能力。建议将“生态元”发展为核算标准，以太阳能值作为单位，进而转化为当地生产资料价格，由此可提高费用核算的准确性。

（三）整肃事无巨细，推进企业转型

其一，不得无视政企关系在政府调控经济发展中的作用，要继续保持“枫桥经验”的执法传统，宽严相济，多管齐下，由此避免环境整肃为经济发展带来过大的影响。

其二，老虎苍蝇一起打，越是小规模的经营越没有革新技术全面发展的动机，既然目标在于保护环境，便需要同时规范造污的小微企业乃至个体户，不能培养一种“环境上错小便无责”的观念，一方面在五金企业中展现公正持中的形象，另一方面推动环保目标的真正落实。

其三，欲成美事，不止除恶。在打击环境犯罪的同时，需要摸清当地的经营传统、技术条件、政策措施等一切影响企业转型动机的因素，并着力将这些因素消减，而不能简单把企业冠以经济人的嘴脸，强硬施压而不问内理。

其四，必须推动产业规范化、体系多元化发展。在实现了产业多元化或GDP能耗污染双低至少的前提下，面对企业发展和环境保护的矛盾，政府才有调整空间，否则碍于多维度绩效的考虑，面对突发问题本地政府行动也将束手束脚。

（四）理顺各相关主体组织目标，权衡决策

在环境问题治理的过程中组织性质与组织结构不同，其生成的目标也不同，如企业的目标是盈利，检察院的目标是完成上级对于环境公益诉讼的指标。而作为官僚组织的政府，其面临的多重权威领导导致多重模糊目标的生成，而在这个互动过程中的多元目标，冲突并不绝对，尤其是在中国国情下，我们在进行制度设计、政策制定时要综合考虑各主体的目标，充分利用各主体的目标优势和各主体的行为特征，保证企业的基本发展，加强公检法合作，同时回应市民的需求。

参考文献

［1］周雪光．政府内部上下级部门间谈判的一个分析模型——以环境政策实施为例［C］//变迁中的中国城市治理．中山大学行政管理研究中心，2013：23.

［2］谢庆奎．中国政府的府际关系研究［J］．北京大学学报（哲学社会科学版），2000（1）：26－34.

［3］赵慧．政策试点的试验机制：情境与策略［J］．中国行政管理，2019（1）：73－79.

［4］刘倩．生态环境损害赔偿：概念界定、理论基础与制度框架［J］．中国

环境管理，2017，9（1）：98－103.

［5］李振．制度建设中的试验机制——以相对集中行政处罚权制度为案例的研究［M］．北京：中国社会科学出版社，2018.

［6］约翰·金登．议程、备选方案与公共政策［M］．北京：中国人民大学出版社，2017.

［7］陈家建．多维目标制度体系——地方政府运作逻辑的一个观察视角［J］．社会发展研究，2016，3（1）：102－118，243－244.

［8］李挚萍．环境修复法律制度探析［J］．法学评论，2013，31（2）：103－109.

［9］吕芳．地方行政体制改革的模式与路径选择［J］．北京行政学院学报，2012（3）：25－29.

［10］Sandra Uthes，李芬，甄霖，曹晓昌．草原生态系统生态补偿机制研究：中德案例研究比较（英文）［J］．Journal of Resources and Ecology，2010，1（4）：319－330.

［11］毕亮亮．“多源流框架”对中国政策过程的解释力——以江浙跨行政区水污染防治合作的政策过程为例［J］．公共管理学报，2007（2）：36－41，123.

［12］张劲松．生态危机：工业文明的外在性及其内在化［J］．比较政治学研究，2012（1）：141－156.

［13］王海芹，高世楫．我国绿色发展萌芽、起步与政策演进：若干阶段性特征观察［J］．改革，2016（3）：6－26.

［14］竺效，丁霖．绿色发展理念与环境立法创新［J］．法制与社会发展，2016，22（2）：179－192.

［15］吕忠梅．论生态文明建设的综合决策法律机制［J］．中国法学，2014（3）：20－33.

作者
张思阳　谢　昊
麻航翔　林隆中
杨逸飞　褚韵洁
吴浩民　潘承愿
狄志鹏　董怡滟

甘肃酒泉弃风限电问题现状研究与对策分析

摘　要：弃风限电是指风电场具备发电条件，但由于当地电力消纳能力不足、输电通道容量有限、风力资源不稳定等因素导致国家电网限制风电场发电的现象。在早年的政策扶持下，西北地区风电场大规模建成运行，但当地消纳能力和输电通道发展的滞后限制了风电场发电量，使弃风限电问题尤为严重。为此，国家出台一系列解决措施和改革方案，情况有所好转。为了解西北地区当下弃风限电真实情况及政策措施落实对电力行业的影响、探究弃风限电产生原因，本文调研选取甘肃酒泉一带作为代表开展研究。首先，查阅文献资料进行归纳汇总，总体把握当地限电情况，提炼概括弃风限电产生原因，梳理分析政策沿革历程；其次，实地走访电力行业典型企业，开展半结构性访谈，了解限电真实情况，收集不同角度观点，评估政策落实情况；再次，发放问卷，调查民众了解情况与关注程度，反映弃风限电问题的民众基础；最后，归纳所见问题，提出针对解决该问题的具体意见与建议。

从实地走访情况看，当地限电现象得到了较大程度的改善，但仍存在一些问题。例如，电力市场竞争下的低电价令发电企业生存困难，资金缺

［作者简介］张思阳，浙江大学电气工程学院，本科在读；谢昊，浙江大学光电科学与工程学院，本科在读；麻航翔，浙江大学电气工程学院，本科在读；林隆中，浙江大学竺可桢学院，本科在读；杨逸飞，浙江大学竺可桢学院，本科在读；褚韵洁，浙江大学竺可桢学院，本科在读；吴浩民，浙江大学电气工程学院，本科在读；潘承愿，浙江大学竺可桢学院，本科在读；狄志鹏，浙江大学计算机科学与技术学院，本科在读；董怡滟，浙江大学电气工程学院，本科在读。

口导致的国家补贴拖欠也为风电场经营带来困难；部分相关政策在当地仍有待落实，电力输配基础设施亦未加快跟进建设。

通过本文调研，希望深入了解国家电力体制及新能源发展情况，就弃风限电问题在现有解决方案的基础上贡献我们的智慧，为助力国家能源结构转型升级做出微薄的努力。

关键词：弃风限电；风力发电；新能源；甘肃酒泉

一、课题综述

（一）调研背景

弃风限电是指风电场具备发电条件，但由于当地电力消纳能力不足、输电通道容量有限、风力资源不稳定等因素导致国家电网限制风电场发电的现象。

早年为引导新能源产业发展、缓解能源开发与环境保护间矛盾，国家出台了一系列新能源的扶持政策。巨大的补贴力度使风力、光伏产业蓬勃发展，但是在风资源、光资源丰富的西北地区，当地电力消纳能力无法匹配巨额的发电量，使得弃风限电问题尤为突出，造成了可再生能源资源的极大浪费。

根据国家能源局颁布的《2018 年风电并网运行情况》，2018 年我国的弃风现象仍十分严重，重灾区是新疆维吾尔自治区（弃风率 23%、弃风电量 107 亿千瓦时）与甘肃省（弃风率 19%、弃风电量 72 亿千瓦时）。面对严峻的现状，政府出台了《解决弃水弃风弃光问题实施方案》等多项通知，于 2019 年 5 月 10 日发布的《关于建立健全可再生能源电力消纳保障机制的通知》，也对降低弃风率、实现新能源可持续健康做出重要指示。

而伴随党的十九大报告关于“推进能源生产和消费革命，构建清洁低碳、安全高效的能源体系”论述的提出与新能源产业“十三五”规划宏伟蓝图的实施，我国新能源产业的发展将迎来新起点、新理念，弃风限电问题也愈加受到关注。

（二）调研情况

1. 调研地选择

本文的调研地选择为甘肃省酒泉市——酒泉—玉门—瓜州沿线。

甘肃省位于我国西北部，海拔较高，风力资源与光资源丰富，据《年甘肃年鉴（2018）》，本省建有 1282 万千瓦装机容量的风力发电场与 839 万千瓦装机容量的光伏发电站，新能源装机占比为 41.5%。2018 年甘肃省弃风电量为 72 亿千瓦时，弃风率达到 19%，是我国弃风现象最突出的省份之一，在此问题上具有典型性与代表性。

酒泉市所辖范围为国家风力Ⅱ类资源区，其中以玉门与瓜州县的风力资源最为丰富，我国第一个千万级风电基地——甘肃酒泉风电基地亦建立于此。根据国家电网的相关资料，酒泉市的发电—用电网络需要向酒泉卫星发射中心、中核四〇四厂、酒泉空军试验基地、玉门油田等大型用电项目供电，因此，酒泉市电力情况对于甘肃省乃至国家发展具有重要意义。

2. 调研点说明

本文调研基于发电、输电、配电、用电四个环节进行调研点的选择。从电力产生的源头到最终民众、企业用电的支流，对整个流程进行完整系统的研究，有助于使我们对酒泉市弃风限电问题的现状、原因、解决方案等相关问题有更深的了解。结合当地实际情况，最终选择并联系了以下企业与社区作为调研点：北京京城新能源（酒泉）装备有限公司、酒泉市泓坤水利水电工程有限公司（光伏）、中节能甘肃风力发电有限公司、国投瓜州北大桥东风电厂、玉门鑫能 50MW 塔式熔盐光热示范项目、国家电网（国网酒泉供电公司）、酒泉市肃州区同德巷与东关苑。从风机制造厂到风力、光伏、光热发电厂，再走向国网公司，直到深入居民社区访谈，希望可以从不同视角对弃风限电问题进行了解，并总结原因，给出对策建议。

下面对各个调研点的背景资料与调研意义进行简述。

（1）北京京城新能源（酒泉）装备有限公司。该公司位于酒泉市高新技术工业园区，于 2011 年 1 月 13 日注册成立，主要经营范围包括风电设备、电动机制造；风电发电机组及零部件、电动机、环保设备的技术研发、技术服务与培训、生产、安装、调试、修理、售后服务；水轮机及水轮发电机的安装、调试、修理。

尽管风机制造在弃风限电问题的环节中处于较底层的位置，但是对制造厂近年来风机的销售地区、对象、数量的了解有助于我们获取风力发电行业的发展趋势。除此之外，通过从风机制造厂的视角了解弃风限电问题有助于完善从技术创新、拓展生产新模式方面提出的解决方案。

（2）酒泉市泓坤水利水电工程有限公司（光伏）。该公司位于酒泉市肃州区北环西路，调研主要针对其肃州区东洞滩 9 兆瓦并网光伏发电项目。该变电站承载着酒泉市光伏产业园区多家光伏电站接入送出工程，经由 110 千伏东洞滩光伏汇集站接入 110 千伏酒泉变并网发电。

光伏发电作为新能源发电结构中占比较大的类型之一，与风力发电目前的发展情况有一定的共通性，希望能通过对弃光现象的了解，给弃风限电的问题做一个有力的参照。而对光伏发电产业的实地走访有助于我们得到企业装机容量、闲置率等第一手资料，可以在一定程度上保证调研数据的准确性。除此之外，发电产业对于国家的补贴政策、交易政策具有更高的敏感性与更具实际性的见解，对这些内容的了解有助于我们提出最终方案。

（3）中节能甘肃风力发电有限公司、国投瓜州北大桥东风电厂。中节能甘肃风力发电有限公司位于甘肃省酒泉市玉门市玉昌路，其投资建设的风电场位于全国首个千万千瓦级玉门风电基地中，公司经营范围包括风力发电项目的开发、投资管理、建设施工、运营及相关技术服务。

国投瓜州北大桥东风电厂49.5兆瓦风力发电工程位于甘肃省酒泉地区瓜州县城东北约10公里处的戈壁滩上，由国投华靖电力控股股份有限公司和甘肃汇能新能源技术发展有限责任公司共同投资建设。工程装机规模49.5兆瓦，安装33台单机容量为1500千瓦的风力发电机组，并新建1座110千伏升压变电所，是一个大型的发电变电基地。

通过对两个风力发电产业的实地走访，可以获得玉门市乃至整个酒泉市的风力发电机组分布情况，也可以从宏观上获得当地风力发电机组弃置率的准确数据。不仅如此，从2016年国家开始配备建设特高压输电线路，新能源电力逐步外送，上网率逐步提高，作为风力发电典型代表，这两个风电场也受到政策福利的惠及，通过对比其前后的发电、弃电数据的改变，有助于我们纵向分析弃风限电的情况。

（4）玉门鑫能50兆瓦塔式熔盐光热示范项目。玉门鑫能光热第一电力有限公司玉门郑家沙窝熔盐塔式5万千瓦光热发电项目位于甘肃省玉门市郑家沙窝光热示范区，于2016年9月成功入选首批光热发电示范项目。其规划装机容量为50兆瓦，采用二次反射太阳能光热发电技术，建设15个集热模块，并在动力岛储热区配置9小时熔盐储能系统及汽轮发电机组。

塔式熔盐光热项目是一个新兴产业，在全球能源供应清洁化、低碳化的背景下，其因兼具环保性、稳定性和易于并网等特点，掀起了投资和建设的热潮。相较于传统的新能源发电，光热发电的优越处在于通过热能形式储存电能，储存时长可达到9小时。在这种情况下，光热发电的发电量或许可以成为稳定电网调峰机制的利器，若装机建设成本进一步下降，则有望在很大程度上解决风力发电不稳定的问题。

（5）国网酒泉供电公司。国网甘肃省电力公司酒泉市肃州区供电公司位于甘肃省酒泉市肃州区莫高路16号，于2013年4月19日注册成立。该公司主要经营电力供应（凭供电营业许可证经营）、水力发电、电度表校验与变压器修试等业务，是国家电网驻酒泉市的国有企业。

国网酒泉供电公司作为国家电网旗下的国有企业，对国家政府出台的规划、改革措施有比发电、用电企业更加权威、官方的解读。与国网公司工作人员的访谈能令调研跳出企业盈利、产业发展层面，从国家规划的角度审视弃风限电问题。除此之外，了解国家电网公司执行的购电方案、建设的输配电项目可以更直观地了解国家对弃电问题的态度与计划的解决方案，对调研的深入有极大的帮助。

（6）酒泉市肃州区同德巷与东关苑。同德巷社区位于酒泉市肃州区西北街道，东关苑社区位于酒泉市肃州区东南街道，相较之下前者各年龄阶段相对正常，后者居住人口以老年人居多。

尽管群众在用电结构中处于最后的用电环节，但是相较于以上上层结构调研点的选择，社区作为群众调研点更有助于我们走入基层，真正了解群众眼中的弃电问题。收集群众呼声对于给出弃电问题的解决策略也是必不可少的部分。

3. 调研方法

本文调研以对各企业员工的半结构式访谈为主，辅之对社区居民的定量式问卷分析与对企业设施的观察研究法。同时，还查阅了大量政策文件、通知公告，也参考了相关话题的新闻资料。

对于发电企业、国网公司均采用半结构式访谈的方式完成调研：提前对走访企业相关资料进行整理，提取出概括性的访谈提纲，在访谈过程中根据实际情况作出必要调整。其主要目的是获得企业对于弃风限电现状的看法以及不同视角下可能的解决方案。在走访过程中还穿插观察法作为辅助，对发电机组、发电控制系统等进行有计划与系统的观察，以期在技术上分析弃风限电问题，最终给出客观性的解释。

针对社区民众，考虑到对象基数大、对话题了解程度参差不齐等原因，采用定量的问卷式研究，希望可以了解基层民众对于国家政策的知晓程度和对于弃风限电问题的看法。本次问卷先采用纸质问卷的形式，最后人工导入电子问卷以便得出统计结果。

最终，为高效完成整个调研，将调研组分为两小组，分别对不同的调研点进行着重了解与提纲的准备，一组主持调研访谈，另一组起机动辅助作用。这样的配合方式使调研成员的精力较为集中，思考问题也会更加深刻。

（三）研究意义

弃风问题在风电大国一直是个较普遍的现象，我国现如今严峻的弃风问题正是能源结构转型道路上必然出现也必须妥善解决的。与此同时，由于我国地域分布的独特性，风力资源丰富的西北地区距经济发达的沿海地区的距离较长，需要走出一条符合中国地域现状与国情的独特解决之道。

弃风限电不仅在能源领域造成了西北资源的浪费与开发乱象，也连带在经济领域给政府带来了较大的经济损失。如果问题得不到解决甚至进一步加剧，将直接影响我国的新能源发展战略。因此，为贯彻习近平新时代中国特色社会主义思想，推进能源生产与体制改革，弃风限电问题的解决已经刻不容缓。

二、原因分析

弃风限电是我国风力集中地区表现得尤为突出的一个问题，其成因的复杂性使出台相应的解决措施颇具难度。风能资源分布的不均匀和风力发电的不稳定为风能集中利用带来困难，早年风电集中过速发展、电力交易机制尚不健全也为弃风限电的产生埋下了隐患。

（一）风能资源分布不均

我国幅员辽阔，地形多样，海岸线长，风能资源比较丰富。但由于风能资源受地形的影响较大，陆上风能资源主要集中分布在内蒙古和甘肃北部、黑龙江和吉林东部，其中内蒙古和甘肃北部一带是最大的陆上风力资源区。但由于甘肃当地的经济发展水平相对较低，并没有与其丰富风力资源相对应的用电需求。没有足够电力消纳能力的地区却集中了大量的风能资源，风能资源分布不均在一定程度上导致了弃风限电现象。

（二）风力发电的稳定性问题

1. 风力发电存在较大波动

风力发电存在着发电能力波动较大、输出电量不稳定的问题。例如，火力发电可以通过人为控制燃煤量持续稳定发电，而风力发电对天气变化较为敏感，实时发电能力会随风力大小变化存在着较大程度的波动，这对于需要保持电力平衡平稳的电网而言是不利的。风力发电这种固有属性导致风电并网时需要在发电谷值进行补偿，在发电峰值限制发电不可避免地发生弃风限电。

2. 风电稳定技术仍待提高

（1）调峰机制。风电的不稳定、波动大的特性为其并网带来了一定困难，为保证电网的稳定，需要采用相应的技术手段。目前主要通过调峰机制来提升电力的稳定性，但其仍存在一些不足。首先是调峰电力的来源，水力发电因启动快的特点成为许多地区常用的调峰手段，但由于甘肃省内水资源匮乏，水电站发电能力有限，只能选择灵活性相对较差的火力发电进行调峰，这对调峰控制提出了更高的技术要求，同时火力发电也存在着环保问题。其次是调峰机制的施行依赖对风力发电量的预测，虽然根据统计数据和预测模型可大致估计出未来风能情况，但实际情况仍与预测值有出入。减小预测误差、提高即时风能利用能力才能有效解决风电稳定性问题，减少弃风限电。

（2）储能技术。储能技术也是解决风电稳定性问题的关键之一。现在国际上已经有通过电解水制氢储能、电池储能等方式存储富余电力的设想和试验，但要将具有随机性的弃风接入储能电站，同时还要考虑风力发电的波动对储能电站设备稳定性造成的影响，仍存在一定的技术难点，目前这些储能技术仍处在试验探索阶段。另外，成本高、经济效益低，也使大规模建立储能机制解决弃风限电问题前路漫漫。

（三）不完善的新能源电力规划建设

前些年，为促进新能源行业发展、推动国家能源结构转型升级，国家出台了一系列鼓励新能源发展建设的优惠措施，其中有针对风力发电项目建设的补贴政策。

为扶持尚未形成产业规模的风电行业，国家专门依据风力发电成本制定了风电的收购电价，国家电网采用收购火电的价格购入风电，差价由国家给予补贴。国家对风电的大力支持刺激了风电行业的发展，风电行业持续升温，吸引了投资者的目光（见图1）。在风力资源丰富的甘肃掀起了一阵投资建设风电项目的热潮，风电场如雨后春笋般涌现。2014～2015年，西北地区的风电装机量猛增，甘肃的风电项目更呈现出井喷式增长（见图2）。

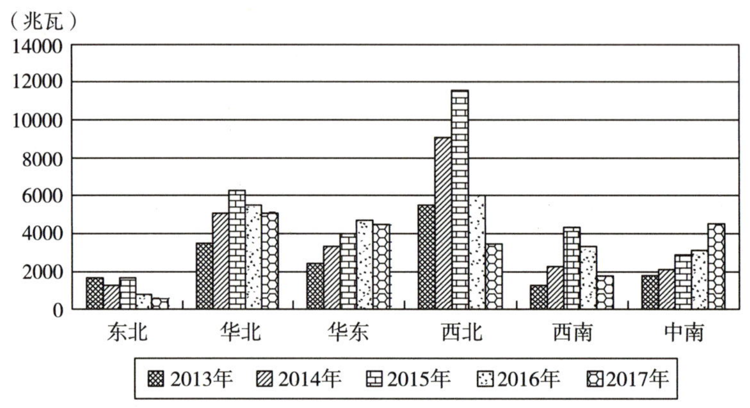

图1　2013～2017年全国各区域新增装机容量

资料来源：CWEA。

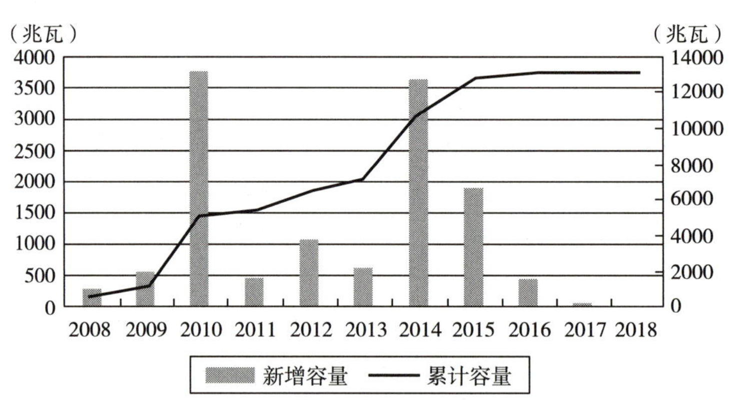

图2　2008～2018年甘肃风电装机容量统计

资料来源：CWEA。

在风电装机数不断攀升的同时，当地的输配电线路建设、高载能行业引入却没有同步跟进，随着越来越多风电场并网运行，弃风率开始一路上涨。这一时期，风电装机容量的快速增长未能顾及发电、供电、用电“三同时”的客观要求，单方面发展了发电端，造成供大于求局面产生，致使限电现象日益严重。

（四）电力市场中的风电

1. 电力市场化交易机制不健全

我国的电力体制具有较强的计划性，这对把控电力供应、保障电价平稳有重要意义，但在一定程度上也限制了电力市场的灵活性。国家能源局规划的发电任务逐级下放细化到每个风电场，由省级的国家电网公司调度控制各个风电场的发电量。风电场实时接受省调分配的发电功率额度，即使在风力突增时亦不能超额发电，也就造成了一定的弃风限电。现在，为增强电力市场活力，促进新能源电力发展，国家正积极推行电力体制改革。通过各种形式的电力交易，电力消纳问题得到改善。但同时，市场交易中仍存在着各方利益的冲突，风电在电力市场中的劣势不可忽视。

2. 不可避免的利益冲突

风电企业与火电企业等传统发电企业的利益冲突影响了风电的消纳和输送。火力发电发展时间早，在全国范围内有较大规模建设，而风力发电的发展势必挤压原有火电企业生存空间。

甘肃省内由于对弃风限电问题的高度重视，风电消纳得到大力支持。但在进行跨省输电时情况则有不同。为了减轻就地电力消纳的压力，甘肃等地选择将富余电力输送到外省。但在进行跨省电力交易时，一方面，电力接收方省内火电企业不愿意自己的利益被侵占；另一方面，电力接收省的相关部门考虑到省内火电行业对经济建设的贡献，也不愿意影响省内火电企业发展。这样的利益考量使得建设跨省输电时容易产生省间壁垒，拖缓跨省输电项目的进程。

3. 风电的经验和成本劣势

风力发电作为新能源产业在国内刚进入发展快车道，设备制造工艺仍在优化中，整机制造成本较高；而火力发电等传统发电方式，经过长时间发展已拥有先进设备和完备体系，因此风电折算发电成本高于火电。风电相较于火电的经验和成本劣势，削弱了风电的市场竞争力。据了解，大型火电企业燃煤发电成本控制在每度电 0.20～0.24 元，而玉门地区的国家千万千瓦级风电基地风力发电成本价为每度电 0.30 元左右。虽然随着技术进步令风电成本不断降低，但多数风电场仍然需要依靠国家对风电项目的补贴以维持盈利。

同时，由于处于发电状态或者限电待机状态的风机会产生设备损耗，每段时间的设备损耗都对应着一定的折旧成本，而且风电场的运营维护也有固定的摊销。当运行成本仅略低于甚至高于收购电价时，风电场有可能面临越发越亏的尴尬处境，这时风电场管理者往往出于保护设备而停止风电机组运行，风机停止运行，也就加深了弃风限电的程度。

三、政策沿革

风力发电作为国家落实新能源发展战略的重要一环，始终是政策文件落脚的重点，风电行业的整体发展与政策扶持密不可分。自弃风限电问题出现以来，已出台一系列针对性政策进行控制解决；与此同时，更深层次的电力体制改革也在平稳推进，为新能源发展提供助力。风电相关的政策沿革真实刻画了风电行业从逐步发展、蓬勃壮大，到面临挑战、积极应对的成长历史，为深度思考弃风限电问题提供了思路。

（一）风电发展及相关政策概况

21 世纪以来，为了积极缓解环境问题，秉持科学发展观推进能源结构改革，我国开始大力发展风电产业。

1. 2003 ~2010 年：风电初期快速发展，国家政策积极支持

2003 年 9 月，国家发改委出台《风电特许权项目前期工作管理办法》，实行风电特许权招标政策。2008 年 8 月 22 日，财政部公布实施了《风力发电设备产业化专项资金管理暂行办法》，采取“以奖代补”方式支持风电设备产业化。而在《关于 2009 年 1 ~6 月可再生能源电价补贴和配额交易方案的通知》中，风电相关的补贴约占全部补贴的 80%。

2003 ~2010 年国内新增风电装机复合增速达 115%，2010 年我国年风电新增装机 18. 9GW，累计装机达 44. 7GW，超过美国跃居世界第一。2012 年发布的《风电发展“十二五”规划》（以下简称《规划》）中指出，我国风电并网和市场消纳问题亟须解决、风电设备制造产业的整体竞争力有待提高且风电开发建设秩序有待进一步规范。《规划》中计划“十二五”时期建设酒泉千万千瓦级风电基地二期工程，启动民勤百万千瓦级风电基地建设，计划到 2015 年，甘肃累计风电装机容量达到 1100 万千瓦以上。为增加当地用电负荷并加强需求侧管理，计划在甘肃与青海等地区 750 千伏骨架电网建成完善后，利用黄河上游水电与风电协调运行，提高西北电网整体消纳风电的能力。另外，《规划》还重点计划解决调峰问题，建立风电功率预测预报体系，促进风电与电网协调运行。准备实施可再生能源电力配额制度、完善促进风电发展的电价政策和补贴机制、完善财政支持和税收优惠政策、提高风电并网运行的技术和管理水平并加强风电发展的协调和监管作为上述计划实施的保障性政策。

2. 2011 ~2015 年：弃风问题逐渐突出，风电装机再现热潮

2011 年，我国风电限电量首次超过 100 亿千瓦时，弃风率达到 16. 23%，2012 年则进一步攀升至 17. 12%，成为有史以来弃风限电最为严重的一年。2012 年国家能源局相继印发《风电功率预报与电网协调运行实施细则（施行）》、《关于加强风

电并网与消纳工作有关要求的通知》等相关通知，积极尝试缓解弃风限电问题。

2013 年 2 月 16 日，国家能源局印发《关于做好 2013 年风电并网和消纳相关工作的通知》，要求地方能源管理部门、风电开发企业及电网公司等机构要更加高度重视风电的消纳和利用，把提高风电利用率作为做好能源工作的重要标准；要认真分析风电限电的原因，尽快消除弃风限电；要加强资源丰富区域的消纳方案研究，保障风电装机持续稳定增长；要加强风电配套电网建设，做好风电并网服务工作。

2014 年 5 月 16 日，国家能源局发布《关于加快推进大气污染防治活动计划 12 条重点输电通道建设的通知》，要求各有关单位抓紧推进实施 12 条重点输电通道相关工作，确保按规定时间形成送电能力。

2013 年、2014 年两年风电弃风率有所下降，新增风电装机量有所提高。而且受 2015 年以后的上网风电标杆电价下调的影响，2015 年出现较为强烈的抢装潮，2015 年新增装机达 30. 75GW，为历年最高值。

3. 2016 年至今：高度重视弃风问题，新型政策不断推进

因风电装机量猛增，弃风量再次飙升并居高不下，为缓解弃风问题，政府出台了更加严格的管控措施。

2016 年 7 月，国家能源局发布《关于建立监测预警机制促进风电产业持续健康发展的通知》，风电投资监测预警机制正式启动，按照该机制，风电平均利用小时数低于地区设定的最低保障性收购小时数的，风险预警结果将直接核定为红色预警。新疆、甘肃、宁夏、吉林、黑龙江 5 省被直接核定为红色预警省，新增装机相对 2015 年几近腰斩。

2017 年 1 月 18 日，国家发改委、国家财政局、国家能源局联合发表《关于试行可再生能源绿色电力证书核发及自愿认购交易制度的通知》，绿色电力证书自 2017 年 7 月 1 日起正式开展认购工作。

2017 年 7 月 17 日，国家发改委、能源局发表《推进并网型微电网建设试行办法》，鼓励并指导微电网建设。

2017 年 11 月 8 日，国家发改委、国家能源局发布《解决弃水弃风弃光问题实施方案》。规定总体要求 2017 年可再生能源电力受限严重地区弃水弃风弃光状况实现明显缓解。甘肃、新疆弃风率降至 30% 左右，吉林、黑龙江和内蒙古弃风率降至 20% 左右。

2018 年 5 月 11 日，国家能源局发表的《关于进一步促进发电权交易有关工作的通知》中称，发电企业要积极参与，促进发电权交易开展。发电企业应在保障自身发电、用电安全的基础上，按照《电力中长期交易基本规则》等有关规定自主、自愿参与发电权交易。鼓励清洁能源发电机组间相互替代发电，通过进一步促进跨省跨区发电权交易等方式，加大清洁能源消纳力度。

除国家政策外，甘肃能源监管办于 2018 年 1 月 26 日发布的《甘肃省电力辅助服务市场运营规则（试行）》指出，自备电厂可自愿参与电力辅助服务市场。在风电

场、光伏电站计量出口内建设的电储能设施，其充电能力优先由所在风电场和光伏电站使用，由电储能设施投资运营方与风电场、光伏电站协商确定补偿费用。

2018 年 10 月 30 日，国家发改委、国家能源局印发的《清洁能源消纳行动计划（2018 - 2020 年）》指出，到 2020 年基本解决清洁能源消纳问题，并对各省区清洁能源消纳目标做出规定：2018 年，确保全国平均风电利用率高于 88%（力争达到 90% 以上），弃风率低于 12%（力争控制在 10% 以内）。2019 年，确保全国平均风电利用率高于 90%（力争达到 92% 左右），弃风率低于 10%（力争控制在 8% 左右）。2020 年，确保全国平均风电利用率达到国际先进水平（力争达到 95% 左右），弃风率控制在合理水平（力争控制在 5% 左右）。同时，为解决风电等清洁能源消纳问题，建立清洁能源消纳的长效机制，该计划中确立了一系列方针：优化电源布局，合理控制电源开发节奏；加快电力市场化改革，发挥市场调节功能；加强宏观政策引导，形成有利于清洁能源消纳的体制机制；深挖电源侧调峰潜力，全面提升电力系统调节能力；完善电网基础设施，充分发挥电网资源配置平台作用；促进源网荷储互动，积极推进电力消费方式变革；落实责任主体，提高消纳考核及监管水平等相关措施。

2019 年，国家继续出力，进一步解决弃风限电问题及风电市场存在的问题。国家能源局下发的《关于 2019 年风电、光伏发电项目建设有关事项的通知》，国家发改委下发的《关于完善风电上网电价政策的通知》以及两者联合下发的《关于积极推进风电、光伏发电无补贴平价上网有关工作的通知》大力推进风电竞价上网、平价上网，促进风电市场体制改革。

2019 年 5 月 10 日，国家发改委与国家能源局下发《关于建立健全可再生能源电力消纳保障机制的通知》（以下简称《消纳通知》）为进一步有效解决风电消纳问题提供了解决方法。《消纳通知》明确了消纳保障的实施机制及各承担消纳责任的市场主体完成消纳量的基本途径是实际消纳风电，包括从电网企业和发电企业购入的风电电量以及自发自用的风电电量。此外，承担消纳责任的市场主体可通过向超额完成年度消纳量的市场主体购买其超额完成的风电电力消纳量和认购可再生能源绿证的方式完成消纳量。

（二）电力体制改革

1. 早期举措

走出新能源发电的困境有赖于整个电力体制的调整。2015 年，深化改革进入攻坚阶段时，中共中央和国务院就针对电力体制的改革问题印发了文件《关于进一步深化电力体制改革的若干意见》（以下简称《意见》）。《意见》强调了电力体制改革的重要性和紧迫性，也列举了电力行业亟须通过改革解决的问题，如市场交易机制的缺失、市场与政府发挥的作用尚不够合理、发展机制和保障机制不健全等，并详细地阐述了该如何进行电力体制改革。《意见》充分考虑了电力行业各个主体的发展需要和利益诉求，提出了要转变政府和市场的职能、建立主要由市场决定能源价格的机制的改革方向，并从 6 个方向列出共 28 条重点任务。与之配套，国家还针对 6 个方向的改革任务各发布了实施意见，如《关于推进输配电价改革的实施意见》、《关于推进电力市场建设的实施意见》等，深入地阐明了该如何进行改革。

2. 全面铺开

此后，国家发改委、能源局均有发布相关文件来保证电力体制深化改革的顺利进行。2018 年，国家发改委和能源局发布《电力市场化交易进一步完善交易机制的通知》，要求各地总结经验、结合实际情况，从提高市场化交易电量规模、推进各类发电企业进入市场、放开符合条件的用户进入市场等共九个方面继续推进电力市场化交易机制的建设，旨在通过市场化交易机制解决新能源发展中遇到的难题、优化能源结构。

发改委、能源局还发布了《全面放开部分重点行业电力用户发用电计划实施方案》，提出取消煤炭、钢铁、有色、建材等行业用户参与市场的电压等级和电量规模限制，也继续强调完善市场化价格形成机制，让市场能在电力交易当中发挥更大的作用。

2019 年 8 月，发改委、能源局印发了《关于深化电力现货市场建设试点工作的意见》，要求在坚持市场主导、因地制宜、安全可靠等前提下科学合理地建设电力现货市场，统筹协调好现有机制和现货市场的关系，并通过电力现货市场进一步发挥电力交易中市场决定价格的作用。电力体制改革稳步推进。

3. 针对措施

为促进绿色能源的消纳和利用，国家还出台了一些针对性的措施。

2017 年，国家发改委、财政部、能源局印发《关于试行可再生能源绿色电力证书核发及自愿认购交易制度的通知》。绿色电力证书是国家对新能源发电上网颁发的具有独特标识代码的电子证书，是其发电量的确认和属性证明以及消费绿色电力的凭证。而绿色电力证书的认购交易则实现了由企业代替国家进行新能源发电的补贴。此制度是完善可再生能源支持政策和创新发展机制的重大举措，有利于降低国家财政资金的直接补贴强度和促进清洁能源高效利用，对凝聚社会共识、推动能源转型具有积极意义。

2019 年，发改委和能源局发布《关于建立健全可再生能源电力消纳保障机制的通知》，以加快构建清洁低碳、安全高效的能源体系，促进可再生能源开发利用。

四、调研实况及问题总结

（一）弃电现象依然存在

就实地走访情况来看，甘肃当地弃风限电问题总体情势依然严峻，但各地情况各有不同。光伏产业相较风电产业，面临的弃电问题在更大程度上得到了解决，以酒泉市肃州区为例，弃电率业已降至10%红色警戒线以下。

1. 宏观情况：以玉门统计数据为例

2018年国家电网风电并网运行统计数据显示，甘肃限电率仍高达19%，仅一省就约有54亿千瓦时电力被浪费，相当于上海市2018年4～7月生活用电的总和。

根据玉门市发展和改革委员会范志超科员提供的资料，截至目前，酒泉风机装机量共1000千万千瓦、甘肃总量为1299千万千瓦，其中玉门240千万千瓦、瓜州690千万千瓦、肃北120千万千瓦。

以酒泉玉门为例，包括玉门当地20千万千瓦光伏装机以及其他形式的能源装机在内，玉门总装机量372千万千瓦。2016年，玉门新能源电力上网率不到50%，2016年起开始建设750千伏输电线路，以及±800千伏酒泉—湖南跨省输电线路，玉门的新能源电力上网率逐步提高。截至目前，玉门风电上网率约为85%，光电上网率约为90%。比对国家设定的10%弃电率红色警戒线，弃电现象依然严重。

2. 微观情况：发电单位访谈反馈

据位于瓜州的国投北大桥风电场提供的数据，弃风限电问题在2019年以前十分严重，而在2019年有所缓解。7月由于风力资源较少，机组闲置率低，弃电率已下降到9%左右。限负荷问题在风力资源充足时十分突出，通常限制负荷后，电厂仅有33%的发电功率。在8月面临大网检修时，限负荷严重，区段规划的发电量约降低为平时的一半。目前，电厂弃电率受自然条件影响波动较大。

另外，在走访酒泉市肃州区光伏产业园时，能源局马女士表示，酒泉当地的总体弃光率已下降到9.7%，而瓜州等地在11%左右，预计2019年底甘肃总体弃光率能够下降到10%以下。

（二）企业生存困难

国家补贴在风电场数量巨大的情况下面临资金缺口的问题，运营中的风电企业因此产生了生存压力。在推进解决弃风限电问题时，粗放地提升发电小时数而不顾度电价格令发电企业在电力交易时利益难保，生存堪忧。

1. 国家补贴缺口较大

全国首个千万千瓦级的风电基地坐落于玉门，共有包括大唐、龙源、国电等7家投资公司承建当地风电基地。玉门市发展和改革委员会范志超科员表示，当地目前的综合发电成本为0.30元/度，上网电价为0.52～0.54元/度，其中，电网公司收购部分为0.3078元/度，政府补贴部分为0.22～0.24元/度。面对政府补贴受限的局面，当地部分风电企业在面临自然情况恶劣的不可抗因素时，出现仅依凭电网保障性购电项目勉强运维的情况，部分电厂生存困难。

现运行的光、风电厂在曾经的政策支持下，运维企业的成本回收周期一般在

8～10年，电厂总体设计运维周期为25年左右。考虑到设备损耗，电厂设备的寿命可能进一步缩短，加之受制于弃风限电问题，部分企业的成本回收周期还会拉长，获利年限缩短，企业面临着回报率下降的情况。

2. 低价售电利益难保

同为风电主力开发地区的瓜州情况也不容乐观，位于酒泉瓜州的国投北大桥风电场仍然处于亏损状态。由于设备处于备用状态仍损耗设备，风电厂为减少亏本仍会继续发电，在一定程度上对弃风限电问题产生了负反馈效应。

据电厂工作人员透露，该风电厂基础电价为0.54元/度，跨省交易电价远低于成本价，在0.15元/度左右。电厂的建设成本虽已经回收，但运营情况较差，亏损较多。2016年亏损达顶峰，约6000万元，后亏损逐年减少，到2018年仍亏损2000余万元。电厂还面对国家补贴资金不到位的情况，由于2019年限负荷标准略微降低，电厂有扭亏为盈的趋势。

就整体而言，解决弃风限电问题的形势正在逐渐转好。风电企业的盈亏平衡点约为1700小时。以玉门为例，当地所有风电企业的有效发电小时数均已超过1800小时，基本实现了扭亏为盈。光伏企业总设计发电约1500小时，已能达到1400小时以上的有效发电小时数。虽然近年限电率持续降低，但作用在巨额装机容量上的限电率所造成的经济损失，仍然令人痛心。

（三）政策有待落实与优化

国家为深化电力体制改革解决弃风限电问题，已出台了一系列政策，然而所产生的效果有限，仍有待进一步落实优化。

1. 保障性购电

保障性购电是衔接企业和国家电网的重要一环，是政府为维持企业生存结合补贴政策出台的电力交易政策。国家电网据此参考实际情况分配给企业不同发电指标并按补贴收购其中的保障性电量，剩余部分电量参与市场化交易进程。多家发电企业管理人员以及多位政府工作人员均表示，保障性购电所发放的补贴在近年财政压力越发加重的情况下已经开始拖欠，但相应的替代政策还在路上。

2. 绿色电力证书与可再生能源消纳保障机制

早在2017年，“绿证”交易平台就已经上线，但国内的市场可谓惨淡。“绿证”交易作为移植自国外的政策，是解决新能源发电补贴问题的重要措施，但并不适应国内产业环境和新能源发展现状。与实际脱节的“绿证”亟须进一步完善以适应国内电力行业体系，但就目前的情况而言，国家尚未有大力铺开“绿证”的政策意向。课题组在走访过程中发现，“绿证”的知名度非常有限，仅一家发电企业表示听说并申请过“绿证”，国家电网工作人员也对此不甚了解。

此外，国家意欲建立可再生能源消纳保障机制以和“绿证”政策形成呼应，以打通绿色能源的消纳渠道。该政策预计将在2020年开始落实，其具体方案在多方利益博弈下已修订数次。当下可再生能源补贴缺口达千亿元，如若该政策能落实，应能很好地解决补贴问题和新能源企业的发展问题。按计划，该方案当下本应处于模拟运行阶段，但在走访过程中，当地企业、政府相关负责人均表示酒泉尚未出台相关举措。

3. 增量配电网建设

当下进行的一系列电力体制改革从本质上而言是在分国家电网的“羹”，进入深水区的改革，举步维艰。增量配电网政策出台的目的在于招引发电企业配合工业发展，形成相辅相成的发电—用电架构，对降低用电单位用电成本、增强当地电力消纳能力都有很大的帮助。然而玉门市发展和改革委员会范志超科员表示，这个政策仍处于摸索阶段，全国300多个试点都面临“先有鸡还是先有蛋”的现实难题。发电企业的电网建设与高载能企业的入驻之间存在着时间差，这段空隙会造成诸多问题。政策本身的落实情况并不理想，很多细节需要进一步优化。

4. 电力市场化交易

论及电力交易方面，平价上网政策刚刚在2019年应用于电力行业。据玉门市发展和改革委员会范志超科员称，就目前平价上网政策能使新能源发电项目建设成本降低的情况来看，该政策是有利于新能源企业发展的。但是，平价上网政策变相为小额投资的新能源发电企业设置了准入门槛，建设10兆瓦电站投入1亿元资金，有将近10年的成本回收周期。装机量达100兆瓦的大型风电场才能在该政策下有较为可观的收益。

除此之外，市场化交易部分仍面临诸多问题。市场化交易主体仅包括铁石、电解铝、碳化硅、电石四大用电行业，参与的主体成分较单一，在一定程度上限制了本地电力消纳能力的提升。市场化交易内容包括直购电交易、发电权置换、跨省输电三个模块，这使得市场具有一定的调控能力，但调控的主体仍是国家电网。

据国家电网的马工程师表示，国家电网作为主要的供电公司，在交易化部分的电量方面并不对企业做太多限制。其作为电力传输平台的代理，仅收取相应的电力过网费用，具体配电电价已由政府制定完毕，但尚未完全落实。

国家电网的配电模式对弃电限电亦有影响。电网根据电厂的发电能力以及电网输送能力、电力消纳能力分配发电指标，但在发电过程中超过指标的部分不被允许发出，因而形成了限电。事实上，进一步深化电力体制的市场化改革，提高消纳能力，应能使这种状况实现反转，但仍需要在政策上有进一步的改进。

5. 输电线路规划

解决酒泉当地电力消纳问题最重要的措施是增加电力的输出通道，因而长距离特高压输电建设被寄予厚望。风力资源丰富的玉门、瓜州地区正在拓宽电力外输途径，创造更多的输电通道。国家电网马工程师提供的资料显示，玉门正筹划新建30万千瓦主变电站和750千伏三通道输电线路以增加当地电力输出能力。酒泉已建成长距离特高压项目有哈密到郑州的±800千伏线路、泉州到湖南的±800千伏线路、吉昌到古泉的±1100千伏线路、联结酒泉已完善的750千伏线路和330千伏线路，让酒泉的电力调度网络得到巨大的提升，更多的输电电路正在筹建或建设中，其来日竣工或成解决弃风限电问题的巨大转机，但电网线路建设周期长，未能未雨绸缪提前建设，此时可能“远水难救近火”。

（四）产业发展与基层脱钩

产业的发展与其所服务的消费端密切相关，市场的支撑决定产业的生命力和发展动力。然而，就调研情况而言，虽然弃风限电问题在当地存在已久，但并未对当地民众造成太大影响，使问题出现阶层断裂，导致新能源产业缺少民众关怀。这种阶层断裂表现为，广大民众普遍只对电价表示关切，而对其他方面并不做过多了解。对此现象的分析可归纳为以下几点：

1. 电力体制约束

中国的电力由国家电网统一调配。这种由政治体制因素而形成的大一统电网格局，一方面，使电力建设、电力调配高度协同，能够实现全国无差别供电输电，切实保障人民群众的生活用电；另一方面，这种统一调配需要国家层面的管控和约束，使电力调度具有很强的计划性质，电力行业中的市场机制被高度弱化。虽然近年来，国家的电力体制改革初见成效，但市场因素相较计划因素仍处于极大的劣势。

市场的灵活性可表现为信息的高度流通，但电力调配取决于上层的宏观规划。国家电网虽在调配中发挥着中流砥柱的作用，但其存在也导致交易信息在一定程度上被阻隔，原有的交易信息在用户端部分缺失——若将发电企业比作众多支流，国家电网便是汇合的江流，这种汇集抹除了支流之水的很多特征信息。

用户端仅能接触电价信息，使民众除了接受政策安排并没有更多反馈权利，这在一定程度上削弱了民众行为对电力行业的反馈作用。在行业发展最重要的反馈渠道上未能与之接轨，民众对电力行业发展的支持势必减弱许多。

2. 政策引导不足

由于电力行业的特殊性质，国家政策主要着力于对产业本身的引导上。例如，在新能源行业发展初期，国家出台了刺激新能源产业发展的政策，而在中后期则出台一系列规制新能源产业扩张、完善消纳体制、促进产业竞争等直接关乎行业发展的政策，但与民众密切相关的政策却尚未被提出，或仍处于酝酿阶段。

当下仅有少数群体，如企业中上领导层、公务员出身的人、居住在大风电光电厂附近的人员，对国家在新能源行业方面的政策有比较广泛的了解。大部分民众对政策知之甚少或者全然不知，甚至对政策本身存在误解的成分。事实上，民众对新能源行业普遍抱有亲近与支持的态度。利用附加电价的形式，实践团队将“绿证”购买成本引入日常用电消费中，借此变相对民众“绿证”政策的接纳意向做了粗略统计。结果显示，民众普遍表示愿意每月多支付一些电费以支持新能源行业。但是，"绿证"政策知名度低，不仅是民众，很多企业的管理人员对此也不甚了解。

国家在新能源行业的政策上有一定的偏向，总体来看，针对民众的政策解读与知识普及略显不足。适当提高民众在弃风限电问题中的地位，对提升当地电力消纳能力、筹集新能源补贴资金应具有一定的帮助。虽然民众在电力行业中能做的不多，但是上游政策被正确解读并得到广泛支持，将奠定良好的群众基础，对国家未来推动电力行业进一步改革会大有裨益。

3. 媒体宣传缺位

在当下这个信息时代，媒体在民众宣传中有着举足轻重的地位。基于对当地民众的调研，民众对新能源产业的了解并不到位。很多受访的民众表示不理解新能源发电比燃煤发电价格高这一事实；许多民众疑惑为何不将受限的电量低价输送给用电单位使用；还有人认为应当推行递减阶梯电价鼓励用电，以促进当地的电力消纳。民众对该问题的认识多来源于媒体，而许多媒体往往只对数据与现状做粗略报告，或者只模棱两可地说明问题却不剖析问题生成的根源。若媒体能将报道细化，增进民众对问题的理解，这对增进当地的电力消纳将有助推作用。以当地推进的煤改电工程为例，若相关的宣传工作能更加到位，至少政府在推行该政策时会遇到更小的阻碍，而电力企业也能得到更多的理解和支持。

五、政策建议

（一）研发先端技术，建设配套设施

1. 加快输电、储电技术研发，提供输电、储电能力保障

解决弃风限电最有力的技术手段莫过于提升输电、储电能力。在市场竞争的压力下，各风电整机制造厂商和配套服务提供商已经将风力发电侧的成本压缩，为此，风机制造、控制技术经历了数次更新迭代，如今国内的风机制造和控制技术已达到较高水准。政策补贴的逐步削减推动着风电制造、控制技术不断升级，近年推行的平价上网政策更是对风力发电行业的度电成本提出了极高的要求，也迫使发电端的各项技术再上一个台阶。在风力发电技术一日千里时，与之配套的输电、储电技术也应同步跟进。国家已掌握的800千伏、1100千伏特高压输电线路建设技术处于世界领先地位，但当前技术条件下线路建设周期长、投入资金多，使之仍缺乏大规模应用的前景。另外，本应在弃风限电领域大有可为的储能技术尚未得到重视，缺乏政策鼓励的条件下投建的储能电站项目凤毛麟角。

在发电侧技术日臻完善的情况下，一方面，应重视输电技术、储能技术的研发投入，通过设立专项研究课题等方式导向技术发展，吸纳研究院、高校等多方研究人员开展研发；另一方面，应重视产学研联动发展，出台政策鼓励企业投资输配电设施、储能电站项目，将新型研究成果投入使用，实现产业化。

2. 规划建设输电线路，提升电网输电能力

弃风的产生原因在于电网限电，究其根源是电网输电能力不足。风电场能发电，用电企业能用电，但电网输电线路紧张，这种两头宽、中间窄的局势使得电网不得不限制发电，尤其在电网检修时，限电现象更为严重。为保障电力行业持续健康发展，国家电网作为输电方，应保障输电线路输送能力与发电、用电需求相匹配，为此应建设更多输电线路及配套设施以满足需求。国家投资建设 800 千伏、1100 千伏特高压输电线路解决弃风限电问题的效果立竿见影，充分展现了建设输电线路的必要性。然而特高压输电线路建设周期长、资金投入大，应在做好周密部署前提下充分考虑各方因素，在原有电网结构上进行合理规划，以拓宽输电渠道、增强输电能力为目的合理建设更多输电线路。

（二）加快电力体制改革，落实针对措施

1. 电力体制改革

国家为促进能源结构调整、优化电力行业资源配置，已开展新一轮电力体制改革，这为解决弃风限电问题提供了新的契机，在改革中过程中有三个方面对解决弃风限电问题至关重要。

（1）积极推行电力市场化交易

电力交易市场化始终是电力体制改革的重头戏，在国家电网对总发电用电量宏观调控的基础上开放电力市场，是既能保障电网平稳运行，又能调动电力分配灵活性的关键所在。电力市场化交易在市场份额上正逐步取代计划性额度分配，市场竞争也为发电企业发展注入了强大动力。一方面，应进一步完善市场交易模式，鼓励支持中长期交易、大企业直购电、电力现货交易等多种交易方式开展，通过多种渠道实现电力资源的灵活分配；另一方面，应适当放宽电力交易市场的准入机制，吸纳更多用电企业参与电力交易以刺激需求侧，如就大企业直购电而言，应扩大面向对象，除原有的铁石、电解铝、碳化硅、电石四大行业外，考虑增加制造业、高新科技产业等作为用电对象。

（2）推广增量配电网试点模式。增量配电网是新一轮电力体制改革中的重要构想，在全国已设立多个试点项目运行。这一模式将社会资本引进配电网建设，意在盘活社会资本投资的存量配电资产，加快输配电线路建设以配合新能源发展，最终降低用电成本。作为拓展新能源输送途径的增量配电网本应在电网输电能力有限的现状下大受欢迎，但却由于各方认识不足而在试点实施过程中困难重重，据调研了解到，甘肃情况也不容乐观。为此，对首批参与增量配电网项目的企业，应给予资金扶持和鼓励，起到“头羊”效应，增加投资方对这一模式的认可度；同时应扩大试点规模，引导这一模式向更多的地域推广。

（3）扶持售电公司发展。允许成立售电公司是电改配售分离的核心，充分体现了“放开两头，管住中间”的思想。为进一步扩展售电公司的生存空间，打通

风电的销售渠道，应强化电力现货在电力市场中的地位，建立风电场和售电公司的直接联系以确保电力现货供应，实现发电侧和售电侧“双赢”。同时，应导向售电公司开展深层次服务，从赚取差价的模式向出售服务的模式转型。

2. 落实可再生能源配额制与“绿证”认购

作为促进新能源消纳的重要举措，可再生能源配额制没有正式实施而尚处于模拟运行阶段，未发挥其应有作用，而与之配套的“绿证”认购制度也因此收效甚微。为破除当前存在的省间壁垒，应落实可再生能源配额制的指标分配，将消纳新能源电力作为任务逐级下放，扩大新能源消纳能力。与此同时，应设立专门机构司职监督管理，统计配额消纳和“绿证”认购的实际情况，确保消纳计划的落实，避免配额因监管不严沦为一纸空文。

（三）优化产业结构，削减传统利益

1. 省内产业结构调整

在电力行业传统产业结构中，火力发电占据了主体地位，在各地均有分布火力发电厂供电。随着新能源的发展，甘肃风电、光电在装机容量上猛增，取代火电成为发电主体。风、光为主，火力为辅已成为甘肃电力结构的未来趋势，火力发电应从发电主力逐步转型为调峰主力，辅助新能源的发展。为促进省内产业结构的调整、帮助火力发电企业完成转型，一方面，应出台完善的制度规范，引导火电在风电、光电发电高峰时减少发电，在风、光发电低谷时加大出力维持用电负荷，实现深度调峰；另一方面，应考虑火电企业经营的损失，设置合理的补偿措施，综合评估其调峰贡献后给予补贴，减弱转型“阵痛”。

2. 省间利益壁垒破除

以省为实体的行政、电力管理体系造成省间不同程度地存在电力交易壁垒。为保护本省的火力发电行业，部分省政府控制省外购电量、干预省间电力交易价格，限制新能源电力的外输消纳。为打通省间电力输送渠道，应采取利益共享机制，对接受省提供一定的补偿，减轻本省火力发电企业收到的冲击，促使其逐步削减火力发电的传统利益，转向谋求新能源发展所带来的红利。此外，完善省间交易规范，推动交易过程公开化、透明化，加强对交易的监督也是破除省间壁垒的重要一环。

（四）刺激用电需求，拉动产业增长

本地消纳作为酒泉风力发电的一大重要输出，在解决弃风限电问题中也有其重要意义。酒泉针对不同时段用电采取峰—谷—平三段不同价位电价，在用电高峰期电价高，低谷期电价低，对促进能源消纳具有一定的作用，但仍存在消纳能力不足的问题。鉴于此，可规划建设聚集高载能产业的电力消纳产业园区，在征地、税收等方面提供优惠，吸引外地企业进驻甘肃。同时，可覆盖建设联结高载能产业园区和发电企业的区域增量配电网，降低输配电成本，进一步为园区用电企业提供优惠。

（五）唤醒民众意识，营造社会氛围

弃风限电问题不应限于高层，民众的关注有助于督促政策落实、体制完善。国家为解决弃风限电问题做出的一系列努力初见成效，政府相关部门应加强对新能源发展现状的普及，做好对弃风限电问题产生及解决方案的宣传工作，通过报纸、新闻、微信等多种媒介引导民众关注新能源相关问题。此外，弃风限电作为甘肃较为突出的问题，其解决进展、最新动态应得到本地媒体聚焦报道，以营造社会上关心限电问题的氛围；学校也应增加对甘肃电力资源现状内容的讲授学习，培养学生与时俱进的能源观念，增进学生对弃风限电问题的认识。

六、小结

本文对调研活动的背景、意义和开展情况进行了说明，并陈述了国家在新能源方面的举措，接着由所见情况、当地存在的问题到问题出现的原因再到解决问题的建议系统地展示了调研的核心成果。

本次甘肃酒泉之旅，我们先后走访了风机制造企业、光伏工业园区、国网公司、在建的光热发电公司和多个大型风力发电场，足迹从酒泉肃州区到玉门再到瓜州。通过到相关企业的参观和对企业与政府工作人员的采访，我们了解到，从国家到地方政府都已经对弃风限电问题有了高度重视，并采取了一系列措施来降低弃风限电率。酒泉地区的弃风限电问题较前几年有了明显改善，但与“十三五”规划的目标还有一定差距，仍然存在许多问题。

之所以出现弃风限电问题，主要是因为在大力发展风力发电站时，输配电的发展、相关政策的制定和电力体制的改革等没有与风力发电站的发展同步，造成风力发电有源无渠。要想风力发电走上健康的发展之路，需要的不只是发电方，还有输配电方与用电方，只有三方共同努力协同发展，弃风限电问题才会得到解决。风力发电的技术革新与成本降低、输配电体制的改革与基础输电设施的建设和改善、用电企业的引入与社会责任感的提升，这些都是需要继续努力的方面。

甘肃酒泉地区的弃风限电问题可以说是我国西北地区弃风限电问题的一个缩影，真实地反映了西北地区弃风限电的现状，具有代表性。酒泉地区曾经是弃风限电问题的重灾区，但经过近年来各方的努力，情况有了明显好转，对国内其他地区弃风限电问题的解决也有借鉴作用。